I0391699

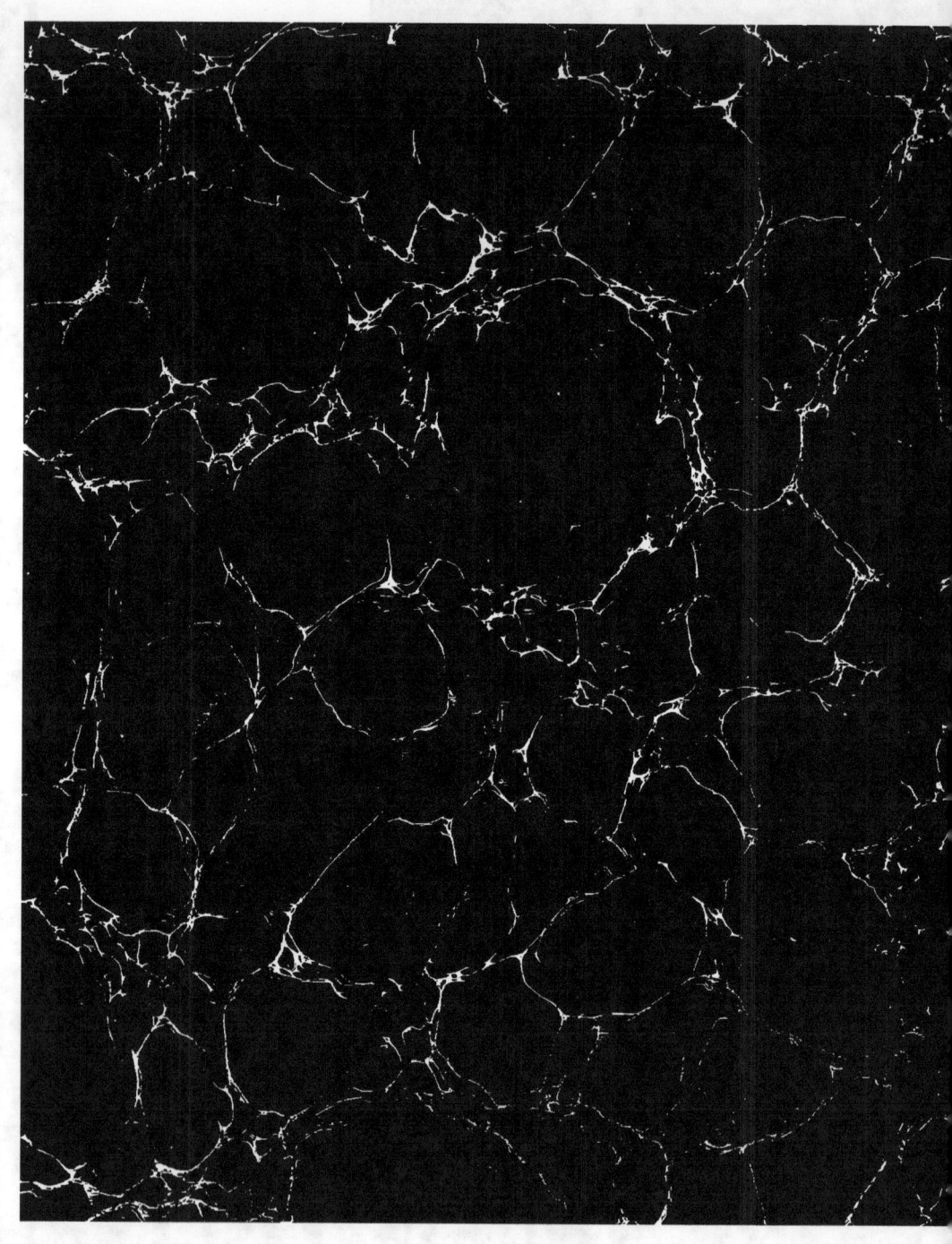

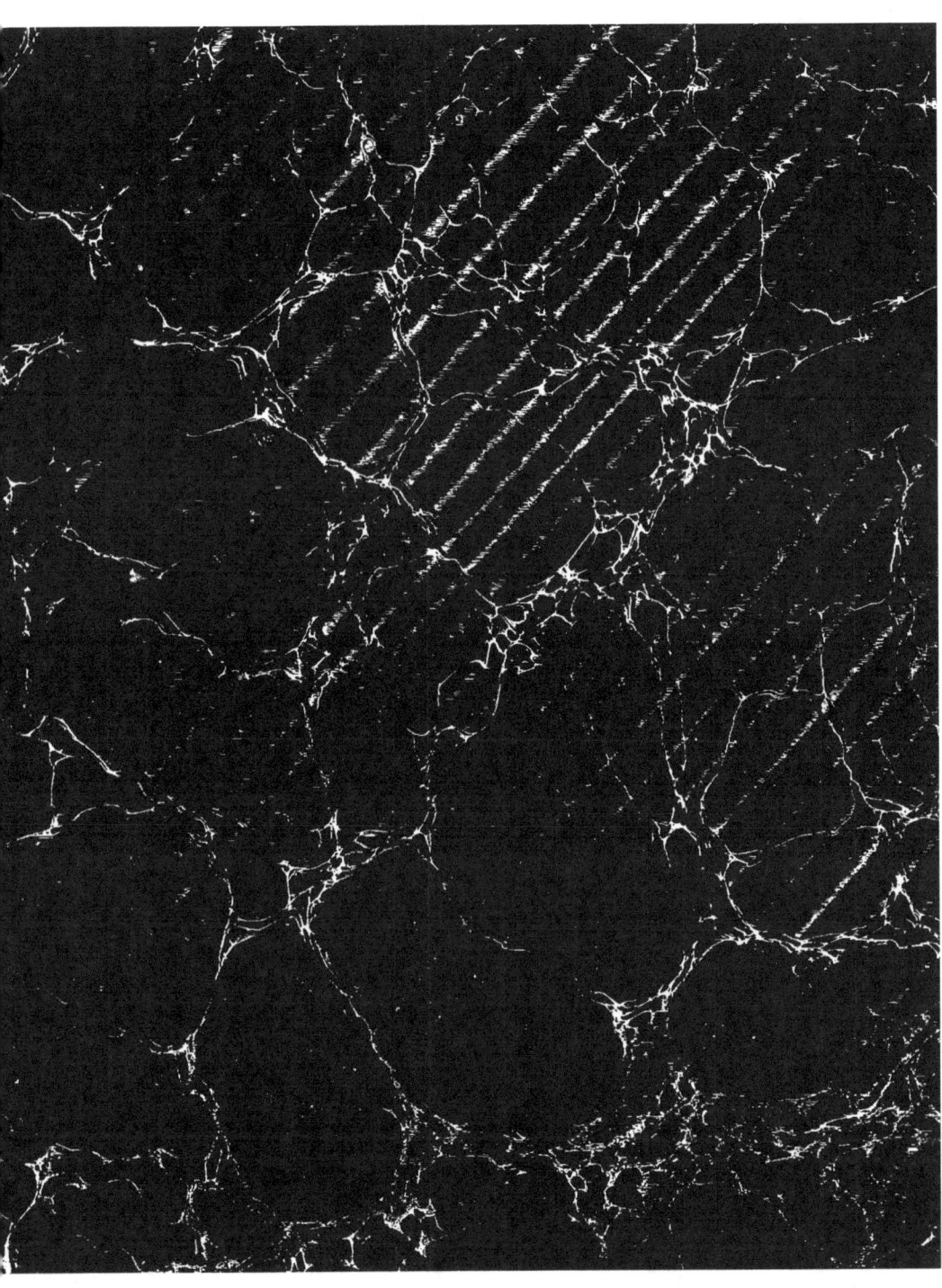

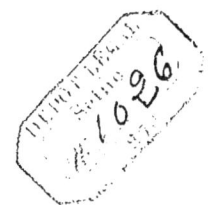

SOUVENIR

DE

L'EXPOSITION

DE

M. DUTUIT

(EXTRAIT DE SA COLLECTION)

UNION CENTRALE DES BEAUX-ARTS

Appliqués à l'Industrie

EXPOSITION DU PALAIS DE L'INDUSTRIE

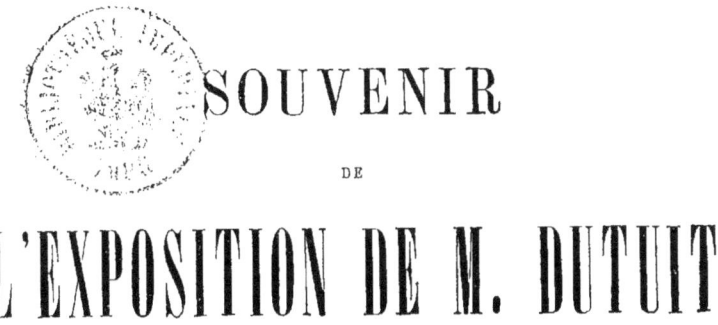

SOUVENIR

DE

L'EXPOSITION DE M. DUTUIT

(EXTRAIT DE SA COLLECTION)

PARIS

1869

PARIS. — IMPRIMÉ CHEZ A. PILLET FILS AINÉ, 5, RUE DES GRANDS-AUGUSTINS.

AVANT-PROPOS

La réunion d'objets d'art dont ce catalogue tend à conserver le souvenir se compose de gravures, de vases grecs, de livres, de porcelaines de Chine et du Japon, de laques, de jades et de quelques faïences de Perse.

L'exposition de gravures en forme la partie principale, et, bien qu'elle ait paru nouvelle, ce n'est pas la première fois qu'une tentative semblable a été essayée.

L'honneur d'avoir eu l'idée d'exposer aux regards du public une collection d'estampes paraît devoir revenir à M. Duchesne, mort, il y a quelques années, conservateur des estampes de la Bibliothèque impériale. Ce savant iconographe, lorsqu'il n'était encore que conservateur-adjoint, avait voulu rendre un service aux amateurs et aux artistes en plaçant dans des cadres une réunion des plus belles gravures, depuis l'origine de cet art, et qui en renfermait pour ainsi dire l'histoire. Ce choix, quoique imparfaitement connu de la foule, qui ne visite pas toujours toutes les richesses artistiques et scientifiques mises à sa disposition, remplissait convenablement le but que M. Duchesne s'était proposé.

En 1858, une exposition admirable, organisée à Manchester par les amateurs anglais, renfermait une collection d'estampes anciennes de la plus grande beauté et dont on n'a pas encore perdu le souvenir. Il est vraisemblable que sous ce rapport on ne fera jamais mieux.

Depuis ce temps, d'autres expositions remarquables du même genre ont eu lieu à Londres; mais en France on n'avait encore rien essayé de semblable.

La pensée d'être utile à l'art et à l'industrie nous a dirigé dans cette exposition. L'Union centrale l'a également partagée, encore bien que le genre de productions dont nous nous occupons plus particulièrement ne rentrât pas tout à fait dans son programme. L'Union centrale s'est proposé avant tout de faire connaître aux industriels, aux artistes et au public l'art oriental dans toutes ses branches et tous ses dérivés.

On avait remarqué depuis quelque temps que l'art de la gravure, qui, même dans ce siècle, a produit tant de chefs-d'œuvre, paraissait demeurer stationnaire, qu'il n'excitait plus de nouveaux talents, qu'enfin le public semblait le regarder avec une certaine indifférence.

La *Gazette des Beaux-Arts*, avec une ardeur qu'on ne saurait trop louer, a déjà cherché à donner un nouvel élan à la gravure. Elle a encouragé l'eau-forte qui semble dans notre pays se ranimer de toutes parts, elle a été la plus ardente promotrice d'une société destinée à subventionner et à activer les progrès de la gravure en France. C'est pour répondre à de si nobles efforts que notre exposition a eu lieu.

Connaître bien les causes du malaise que la gravure éprouve de nos jours, c'est presque indiquer les moyens de la ranimer et de lui rendre en quelque sorte une nouvelle vie.

Vers la fin du xviiᵉ siècle, l'eau-forte avait produit les grands chefs-d'œuvre qui s'imposent aujourd'hui à l'admiration du monde; sous ce rapport, le xviiiᵉ siècle est bien inférieur à ses devanciers. Le tour des graveurs plus particulièrement connus sous le nom de buristes était venu.

On doit reconnaître qu'avec les Audran, les Nanteuil, les Edelinck et les Drevet, la gravure au burin était magnifiquement représentée. Peut-être les artistes auraient-ils dû se maintenir dans cette voie, mais le goût d'un siècle s'impose toujours aux arts. En France, comme en Hollande, on commençait à aimer le poli, le léché et l'éclat. Les artistes devaient répondre au goût du public. Baléchou, Daullé, Schmidt et Wille, en s'associant à ces dispositions, s'acquirent naturellement la faveur générale. Mais, avec un grand talent, il faut le déclarer tout de suite, ils ont donné à la gravure un brillant, une empreinte métallique qui, en s'exagérant, devait amener la froideur et, à la suite, une réaction. Cependant, malgré son uniformité, pour ne rien dire de plus, c'est, pour la gravure au burin, l'école qui s'est imposée à l'Europe jusqu'à nos jours.

Tant que des hommes comme Bervic, Massard, Desnoyers, Richomme et Forster en France; Morghen, Anderloni, Longhi et Toschi en Italie, et les Muller en Allemagne, ont pu reproduire les chefs-d'œuvre de Raphaël, de Léonard de Vinci, de Titien, il est facile de comprendre que les estampes modernes aient été très-recherchées ; mais lorsque d'autres graveurs se sont attachés à traduire des œuvres plus récentes qui, un moment consacrées par l'admiration générale, étaient ensuite l'objet des attaques les plus passionnées, comment s'étonner qu'il se soit produit une hésitation dans le goût du public ? Les éditeurs, qui ne tiraient pas de leurs planches tout le parti désirable, ont cessé d'encourager les nouveaux talents. D'autres hommes, heureusement doués, qui auraient pu devenir d'excellents graveurs, ont cherché un aliment et une carrière dans des procédés plus expéditifs, ou sont devenus des peintres d'un grand mérite. Le public, à qui les vignettes sont prodiguées dans tous les livres, dans tous les recueils, dans toutes les revues, s'est un peu dégoûté de la gravure sérieuse.

Cependant, un certain nombre d'estampes exécutées par Massard, Laugier, Henriquel-Dupont, Calamatta et Mercuri, etc., d'après des tableaux modernes, ne cessent pas d'être recherchées et tiennent un rang honorable dans les cabinets des amateurs.

Une circonstance matérielle peut encore avoir contribué à la décadence dont nous nous plaignons. Les gravures modernes sont surtout, par leur dimension, d'un placement assez embarrassant ; soit qu'on les fasse encadrer, soit qu'on les garde en portefeuille, leur conservation est difficile. La qualité du papier, qui redoute particulièrement la plus légère humidité, les expose à une détérioration très-prompte ; elles ne peuvent tout au plus supporter que deux ou trois lavages.

Les gravures plus anciennes, à raison de la solidité du papier et d'une moins grande dimension, peuvent se conserver très-facilement et traverser encore une longue suite d'années, tandis qu'il est à craindre que, dans un siècle ou deux tout au plus, aucune des estampes modernes ne subsiste.

Une ère plus heureuse semble se lever pour la gravure. Il s'est formé une nombreuse pléiade d'artistes qui s'efforcent de rendre à l'eau-forte son ancien éclat, et dont tous les connaisseurs apprécient les excellentes productions. Nous avons remarqué de belles estampes qui illustrent la *Gazette des Beaux-Arts*. La Société d'encouragement de la gravure doit, plus que tout autre, activer cet élan, et l'on aurait peu de chose à désirer si tant de peintres éminents, dont chaque année les tableaux font l'ornement du salon, voulaient eux-mêmes prendre la pointe ou le burin pour vulgariser leurs productions.

Le but que nous nous sommes proposé, en offrant au public une collection de gravures, est de montrer l'origine, les progrès et la décadence de cet art. C'est, en un mot, son histoire que nous avons voulu présenter.

Le défaut d'espace ne nous ayant pas permis d'exposer un plus grand nombre d'estampes, nous n'avons placé que les plus intéressantes de chaque maître. Nous le regrettons, parce qu'il eût été curieux de suivre les commencements, les progrès et les différences de chaque artiste dans son œuvre.

On nous permettra de citer dans l'école italienne une suite de nielles, plusieurs pièces de l'école ancienne, un

Jules Campagnola qui offre le premier essai de la gravure au pointillé, deux Mantegna, un certain nombre des pièces les plus importantes de Marc-Antoine, des eaux-fortes, et un choix des œuvres de Morghen, de Longhi et de Toschi.

Dans l'école allemande, on trouvera une estampe en manière criblée qui remonte aux premiers temps de la gravure, plusieurs pièces du maître de 1466. Martin Schon, Mecken, Mair, Durer s'y font remarquer par des productions importantes. On y voit figurer la Bergère de Roos, épreuve du premier état, et le Berger endormi, avec la date de 1660 ; dans cette condition, cette estampe est presque introuvable. L'école moderne est seulement représentée par la Madone de Muller, avant la lettre, sur papier de Chine.

L'école hollandaise montre un Allart du Hamel ; deux pièces du graveur des Contes de Boccace, dont 'l'une est inédite ; un certain nombre de Lucas de Leyde.

Rembrandt offre une nombreuse réunion de pièces, parmi lesquelles il faut citer celle de cent florins, qui est du premier état et de la plus grande rareté. Les Visscher sont peut-être en nombre trop restreint et nous avons dû nous borner à faire un choix dans l'œuvre de Rubens. Ce que nous possédons seulement pouvait remplir la plus grande partie de la salle.

L'école française devait être naturellement l'objet de notre attention spéciale. Bien qu'elle se signale par des productions capitales et de la plus grande rareté de Jean Duvet, de Callot, de Claude Lorrain, de Nanteuil, de Morin, de Masson, d'Audran, d'Edelinck, des Drevet et de Wille, elle

offre aussi, et c'est bien malgré nous, des lacunes regret-
tables. L'école moderne pouvait encore s'enrichir d'une
foule de pièces. Il a fallu reléguer celles qui sont exposées
au troisième rang, où il est difficile de les voir.

L'école anglaise aurait eu besoin d'être plus complète;
mais la place manquant, il a été nécessaire de la restreindre
à quelques estampes du prince Rupert, de Faithorne,
d'Earlom, de Woollet et de Strange. La salle qui nous a
été concédée présentait une certaine difficulté d'arrange-
ment; quoique vaste, elle est insuffisante. Pour que les
estampes soient vues facilement, on ne doit les placer que
sur deux rangs, mais la hauteur de la pièce en exigeait
un troisième qui peut à peine être apprécié par les visi-
teurs.

Ces observations parfaitement désintéressées de notre part
n'ont qu'un but, celui d'engager les amateurs qui plus tard
pourront encore exposer des estampes à n'offrir au public
chaque fois qu'une seule école. Celle-ci pourra alors montrer sous toutes ses faces son origine, ses succès et sa décadence. Il n'y aurait aucun inconvénient à ce que tous les amateurs y concourussent, même en offrant plusieurs épreuves
de la même pièce; c'est souvent le meilleur moyen de connaître bien un maître, tant il y a quelquefois de différence
d'une épreuve à une autre. Nous ajouterons même que cela
est indispensable pour Rembrandt.

Quant à la beauté des épreuves, il nous suffira de dire
qu'elles viennent en grande partie des plus célèbres collections qui, depuis plus de trente années, ont été vendues

successivement en France, en Hollande, en Allemagne et en Angleterre.

Il ne nous reste plus maintenant qu'à nous acquitter d'un devoir bien cher, c'est d'adresser nos vifs remerciements à M. le président et à M. le vice-président de l'Union centrale qui nous ont ouvert avec tant d'empressement les portes du palais de l'Industrie.

Nous exprimons toute notre gratitude à M. Clément, marchand d'estampes de la Bibliothèque impériale, qui a présidé au classement des gravures et qui en a dressé le catalogue; à M. Potier, libraire, qui nous a suppléé dans la description de quelques livres; à M. Carle Delange, qui a donné la notice des vases grecs, des terres cuites et des bronzes; et à M. Gasnault, qui a rédigé le catalogue de la collection orientale.

Plusieurs gravures sont jointes au texte; elles ont été exécutées par M. C. Delange ou sous sa direction. La *Gazette des Beaux-Arts* et M. Didot ont mis à notre disposition les bois qui pouvaient convenir au catalogue que nous publions.

La seule satisfaction que nous demandons à notre exposition, c'est qu'elle ait pu être utile à l'Union centrale et en même temps rendre quelques services aux amateurs et aux artistes.

CATALOGUE DES ESTAMPES

ALDEGRAVER (Henri), peintre et graveur au burin, né à Sœst, en Westphalie, en 1502; mort dans la même ville, vers 1562.

1 — L'histoire de Suzanne.
   Suite de 4 pièces (B. 30-33).

2 — Les Travaux d'Hercule.
   Suite de 13 pièces (B. 83 à 95).

3 — Les grands Danseurs de noce (B. 160-171).
   Suite de 12 pièces.

4 — Le portrait de Jean de Leyde (B. 182).

AUDRAN (Gérard), dessinateur et graveur à l'eau-forte et au burin, né à Lyon en 1640, mort à Paris en 1703.

5 — La Femme adultère, d'après Poussin (R. D. 14).
   Très-rare épreuve avant la lettre. On n'en connaît que deux : celle de la Bibliothèque impériale et celle-ci.

6 — Le Martyre de saint Laurent, d'après Lesueur (R. D. 33).
   Très-rare épreuve avant la lettre, non décrite.

BALDINI (Baccio), orfévre-graveur, vécut à Florence, entre les années 1460 à 1480.

7 — Pièce pour l'illustration du Dante, 2ᵉ chant.
Au verso, estampe pour le premier chant.

BALECHOU (Jean-Joseph), graveur au burin, né à Arles en 1715, trouvé mort à Avignon le 18 août 1764.

8 — La Tempête, d'après J. Vernet.
Très-rare épreuve avant toutes lettres.
Autre épreuve avant toutes lettres au verso.

9 — Portrait d'Auguste III, roi de Pologne, d'après Rigaud.
Épreuve avant l'année et les mots *chevalier de Saint-Michel.*

BARBARY (Jacques de), dit le maître au Caducée, peintre et graveur au burin; né en Allemagne selon les uns, en Italie selon les autres, dans la deuxième moitié du xvᵉ siècle.

10 — Mars, Vénus et l'Amour (B. 20).
Très-rare.

BAROCHE (Frédéric), peintre et graveur à l'eau-forte; né à Urbin en 1528, mort à Rome en 1612.

11 — Annonciation (B. 1).
Très-rare épreuve. Les angles du cuivre sont aigus (état non décrit).

BEHAM (Hans-Sebald), peintre et graveur au burin et à l'eau-forte; né à Nuremberg en 1500, mort à Francfort vers 1550.

12 — Saint Sébald (B. 65).
Première épreuve avant que la planche ait été réduite.

BERGHEM (Nicolas), peintre et graveur à l'eau-forte; né à Harlem en 1624, mort dans la même ville en 1683.

13 — La Vache qui s'abreuve (B. 1).
Epreuve d'eau-forte pure avant beaucoup de travaux sur le monument en ruines et sur le ciel; presque unique.

14 — La Vache qui pisse (B. 2).
Très-rare épreuve avant la lettre.

15 — Les trois Vaches au repos (B. 3).
Epreuve d'eau-forte pure avant beaucoup de travaux, notamment avec le tronc d'arbre blanc; presque unique.

16 — L'Homme monté sur l'âne (B. 5).
Epreuve d'eau-forte pure avant beaucoup de travaux, le ciel est blanc; presque unique.

17 — Le Joueur de cornemuse. Pièce dite le Diamant (B. 6).
Epreuve d'eau-forte pure avant beaucoup de travaux, notamment sur les terrains; presque unique.

18 — Deux pièces en hauteur de la suite des cinq pièces (B. 8.12).
Epreuves à l'eau-forte pure; peut-être uniques.

19 — Les quatre sujets d'Animaux en largeur (B. 13.16). Avec toute leur marge.
Epreuves à l'eau-forte pure; presque uniques.

20 — Deux Têtes de bouc (B. 17 et 18).
Épreuves avant la lettre.

21 — Tête de bouc au front noir (B. 19).
Très-rare.

BERVIC (Charles-Clément), graveur au burin; né à Paris en 1756, mort dans la même ville en 1822.

22 — L'Enlèvement de Déjanire, d'après Guido Reni.
Très-belle épreuve avant toutes lettres et avant le talon détaché de la draperie.

23 — L'Éducation d'Achille, d'après Regnault.
Très-belle épreuve avant toutes lettres; cette estampe fait le pendant de la précédente.

BLOTELING (Abraham), dessinateur et graveur à l'eau-forte, au burin et en manière noire; né à Amsterdam en 1634; l'année de sa mort n'est pas connue.

24 — Portrait de l'amiral Kortenaert, d'après Van der Helst.

Première épreuve avant l'*excudit*.

25 — Portrait du chanoine Pierre Schout à cheval, d'après Wouvermans.

Rare épreuve avec l'inscription en typographie.

Bocholt (François de); né en Allemagne dans le xvᵉ siècle.

26 — Le Jugement de Salomon (B. 2).

Boel (Pierre), peintre et graveur à l'eau-forte; né à Anvers en 1625, mort à Amsterdam en 1680.

27 — La Chasse au sanglier (B. 7).

Premier état à l'eau-forte pure et avec les initiales du maître tracées en grands caractères.

Boissieu (Jean-Jacques), peintre et graveur à l'eau-forte; né à Lyon en 1736, mort dans la même ville en 1810.

28 — Paysage, d'après Swanevelt.

Rare épreuve d'eau-forte pure. On n'en connaît que trois épreuves, la planche ayant été détruite dans un incendie.

29 — Les Moines au chœur.

Rare épreuve d'eau-forte pure.

30 — Les grands Charlatans, d'après Karel Dujardin.

Très-rare épreuve d'eau-forte pure avant la lettre, sur papier de Chine.

Bolswert (Shelte à), dessinateur et graveur au burin; né à Bolswert-en-Frise vers 1586, mort à Anvers dans un âge avancé.

31 — Le Serpent d'airain, d'après Rubens.

Très-rare épreuve du premier état avant les armes et l'adresse de Gillis Hendricx.

32 — Le Mariage de la Vierge, d'après Rubens.

Très-rare épreuve avant la lettre.

33 — La Fille d'Hérodiade présentant à sa mère la tête de saint Jean, d'après Rubens.

Très-rare épreuve avant la lettre.

34 — Le Christ en croix, d'après Rubens.

Très-rare épreuve avant la lettre.

35 — La Conversion de saint Paul, d'après Rubens.

Très-belle épreuve du premier état avec l'adresse du maître.

36 — Le Triomphe de l'Église par l'Eucharistie, d'après Rubens.

Très-rare épreuve avant la lettre.

37 — Sainte Famille, où l'enfant Jésus tient un oiseau, d'après Rubens.

Première épreuve avant l'adresse.

38 — Sainte Anne et la Vierge, ou l'éducation de la Vierge, d'après Rubens.

Très-rare épreuve avant la lettre.

39 — L'Assomption de la Vierge, d'après Rubens.

Très-rare épreuve avant la lettre.

40 — La Chasse au lion, d'après Rubens.

Rare épreuve du premier état avec l'adresse du maître.

41 — Grand paysage, d'après Rubens, de la suite des six. Vue de Malines.

Très-rare épreuve avant la letre.

42 — Les trois Croix, d'après Van Dyck.

Rare épreuve avant la lettre.

43 — Le Christ en croix, dit le Christ au Jacobin, d'après Van Dyck.

Très-rare épreuve avant la lettre.

44 — Le Christ au roseau, d'après Van Dyck.

Première épreuve avant les contretailles sur la jambe du soldat à droite.

45 — Le Christ à l'éponge, d'après Van Dyck.

Première et très-rare épreuve avant beaucoup de travaux, notamment avant la couronne sur la tête du Christ, avec la main sur l'épaule de la sainte Vierge ; elle est avant la lettre ; on ne connaît que trois épreuves de cet état.

46 — La Chèvre Amalthée, d'après Jordaens.

Épreuve du premier état avant l'adresse de Bloteling.

47 — Mercure et Argus, d'après Jordaens.

Très-rare épreuve avant la lettre.

BOSCHE ou ALAERT DUHAMEL, peintre et graveur ; vivait vers la fin du xv⁰ siècle.

48 — Les Cavaliers autour d'une chapelle (B. 3).

BOTH (Jean), peintre et graveur à l'eau-forte ; né à Utrecht en 1610, mort dans la même ville en 1650.

49 — Le Passage du Bac, ou le Trajet (B. 5).

Première épreuve à l'eau-forte pure avant des travaux sur les eaux, et avant l'azur du ciel.

50 — Le Pont de pierre (B. 7).

Première épreuve à l'eau-forte pure avant des contretailles sur la barque, sur les eaux et sur le ciel.

51 — Les Vaches au bord de l'eau (B. 8).

Première épreuve à l'eau-forte pure avant une grande quantité de travaux sur le ciel.

BREENBERG (Bartholomée), peintre et graveur à l'eau-forte ; né à Utrecht vers le commencement du xvii⁰ siècle, mort en 1660.

52 — Joseph distribuant du blé. Pièce inconnue à Bartsch (Weigel, 30).

Première épreuve à l'eau-forte pure de la plus grande rareté.

CALLOT (Jacques), peintre et graveur à l'eau-forte ; né à Nancy en 1592, mort le 24 mars 1635.

53 — Sainte Famille (M. 67).

Très-rare ; M. Meaume l'a décrite d'après un catalogue, mais sans l'avoir vue.

54 — Tentation de saint Antoine (M. 139).

Très-rare épreuve du premier état, avec 10 rosettes, avec les deux fautes *vot* au lieu de *tot*, *caccis* au lieu de *cæcis*.

55 — Portrait de Claude Deruet, peintre du duc de Lorraine et chevalier de l'Ordre du Portugal (M. 505).

Très-rare épreuve d'un premier état non décrit par M. Meaume, avant beaucoup de travaux et avant le trait qui dans le milieu sépare les vers placés sur deux colonnes.

56 — Le Jeu de Boules, ou la Foire de Gondreville (M. 623).

Très-rare épreuve du premier état.

57 — La grande Foire de Florence (1ʳᵉ planche) (M. 624).

Épreuve du premier état avant les mots *in Firenze* ; on ne connaît que trois épreuves de cet état.

58 — Les Supplices (M. 665).

Premier état ; on voit la tour dans le fond et la statue de la sainte Vierge.

59 — Pièce de Dédicace à Cosme de Médicis (M. 882).

De la dernière rareté ; M. Meaume l'a décrite d'après un ancien catalogue.

CAMPAGNOLA (Jules), peintre et graveur au maillet ; né à Padoue vers 1481 ; l'année de sa mort n'est pas connue.

60 — Saint Jean (B. 3).

Premier essai d'estampe au pointillé.

CAMPAGNOLA (Dominique), peintre et graveur ; né à Padoue vers la fin du xvᵉ siècle.

61 — L'Assomption (B. 4).

Superbe épreuve.

62 — Les Musiciens (B. 9).

Superbe épreuve.

3

CARRACHE (Annibal), peintre et graveur ; né à Bologne en
1560, mort à Rome en 1669.

63 — Le Christ descendu de la croix (B. 4).

Première épreuve avant le nom du graveur, l'année et l'a-
dresse de V. Aelst ; seulement au bas le mot *Caprarola*.

CARRACHE (Augustin), peintre et graveur au burin ; né à
Bologne en 1557, mort à Parme en 1602.

64 — Le Portrait du Titien, d'après lui-même (B. 154).

Très-rare épreuve du premier état avant l'inscription dans
le haut de l'estampe.

CLAESSENS (L. A.), graveur au burin ; né à Anvers en 1764,
mort à Ruel en 1834.

65 — La Femme hydropique, d'après Gérard Dow.

Rare épreuve avant toutes lettres sur papier de Chine.

COCHIN (Noël), graveur au burin ; né à Troyes, travaillait à
Paris en 1670.

66 — La Foire de Guibray, en Normandie, d'après Chau-
vel.

Rare épreuve avant toutes lettres.

COSSIN (Louis), peintre et graveur au burin ; né à Troyes
en 1633, travailla à Paris.

67 — Portrait de Pierre Corneille, d'après F. Sicre.

Rare épreuve avant la lettre.

DELAUNE (Étienne), vivait dans le xvie siècle.

68 — Portrait de Charles, cardinal de Lorraine (R. D.,
t. IX, p. 94).

DUVAL (Marc), vivait dans le xvie siècle.

69 — Portrait de Jeanne d'Albret, mère de Henri IV.

DESNOYERS (Auguste-Boucher), dessinateur et graveur au
burin ; né à Paris en 1779, mort à Saint-Germain-en-
Laye en 1857.

70 — La Vierge au donataire, d'après Raphaël.

Très-rare épreuve avant toutes lettres et avant que les angles soient couverts de tailles horizontales; probablement unique.

71 — La Vierge et l'enfant Jésus, dite la Belle Jardinière, d'après Raphaël.

Rare épreuve avant toutes lettres, seulement les nom et prénom du graveur.

72 — La Vierge de la maison d'Albe, d'après Raphaël.

Rare épreuve avant toutes lettres.

DOES (Jacques Van der), peintre et graveur à l'eau-forte; né à Amsterdam en 1623, mort à La Haye en 1673.

73 — Un groupe de cinq moutons (B. 1).

Premier état avant la l ordure et avant un grand nombre de travaux.

73 *bis.* — La même estampe.

Deuxième état avec la bordure faible.

DREVET (Pierre), graveur au burin; né à Lyon en 1664, mort à Paris en 1739.

74 — Portrait du cardinal de Fleury, d'après Rigaud.

Rare épreuve avant la lettre; la lettre est manuscrite.

75 — Portrait de Louis XIV en manteau royal, d'après Rigaud.

Rare épreuve avant des travaux à la perruque et sur les mollets, dite ainsi épreuve aux petits mollets.

76 — Portrait de Louis-Hector, duc de Villars, maréchal de France, d'après Rigaud.

Très-rare épreuve avant la lettre et avant que les angles du haut soient couverts de travaux.

DREVET (P. J.), fils du précédent, graveur au burin; né à Paris en 1697, mort dans la même ville en 1739.

77 — Rebecca reçoit les présents du serviteur d'Abraham,
d'après Coypel.

Très-rare épreuve avant la lettre et les armes.

78 — Portrait de Samuel Bernard, d'après Rigaud.

Première épreuve avant les mots *conseiller d'État*.

79 — Portrait de Jérôme de Cisternay du Fay, capitaine
aux gardes françaises, d'après Rigaud.

Épreuve avant toutes lettres.

80 — Portrait de Bossuet, d'après Rigaud.

Très-rare du premier état avec le fauteuil blanc et les fautes aux mots *constorianus* et *trecenses* pour *consistoriamus* et
trecensis.

81 — Portrait d'Adrienne Lecouvreur, d'après Coypel.

Rare épreuve avant la lettre.

Duco (Jean le), peintre et graveur à l'eau-forte; né à La
Haye en 1636; l'année de sa mort n'est pas connue.

82 — Chienne étendue allaitant un petit chien (B. 4).

Avant le numéro.

83 — Le Chien debout près du Chien couché (B. 10).

De la plus grande rareté.

84 — Chienne étendue allaitant un petit chien. Pièce non
décrite par Bartsch (W. 11).

Répétition du n° 4 de Bartsch; très-rare, tirée sur une
planche inédite au verso d'un tableau qui est dans le cabinet
de M. Dutuit.

Dujardin (Karel), peintre et graveur à l'eau-forte; né à
Amsterdam en 1635, mort à Venise en 1678.

85 — Les Mulets (B. 2).

Premier état avant le numéro et avec les traits le long du
panache qui surmonte la tête du mulet.

86 — Les Anes (B. 4).

> Premier état avant le numéro et avec la croisée ombrée de deux tailles seulement.

87 — Les Chèvres (B. 7).

> Épreuve avant le numéro et avec une tache d'eau-forte; les angles sont aigus.

88 — Le Bocage (B. 22).

> Première épreuve avant le numéro.

89 — La Vache couchée (B. 23).

> Premier état avant le numéro.

90 — Le portrait de De Vos.

> Premier état avant la lettre, avant divers travaux et avant la bordure autour de la composition ; on trouve un état avant la lettre, encore avant divers travaux, mais entouré d'une bordure.

DURER (Albert), peintre et graveur au burin et à l'eau-forte ; né à Nuremberg en 1471, mort en 1528.

91 — La Nativité (B. 2).

92 — La Vierge assise au pied d'une muraille (B. 40).

93 — Sainte Famille (B. 43).

> Pièce gravée à l'eau-forte.

94 — Saint Hubert ou saint Eustache (B. 57).

95 — Saint Jérôme dans sa cellule (B. 60).

96 — La Mélancolie (B. 74).

97 — Les Hommes de guerre (B. 88).

98 — Le Cheval de la Mort (B. 98).

99 — Les Armoiries à la tête de Mort (B. 101).

100 — Portrait de Maximilien (B. 153).

> Pièce gravée sur bois.

101 — Portrait de Varnbuler (Ulrich), gravé sur bois (B. 155).

> Rare épreuve imprimée en camaïeu.

Du Sart (Corneille), peintre et graveur à l'eau-forte et en manière noire.

102 — Le Joueur de violon (B. 8).

103 — Le Musico (B. 19).

> Pièce gravée en manière noire.

Duvet (Jean), surnommé le Maître à la Licorne; né à Langres en 1485.

104 — Saint Sébastien, saint Antoine et saint Roch (B. D. 20).

105 — Un chasseur apportant un présent à un roi qui est assis auprès de Diane. Les personnages représentent Henri II et Diane de Poitiers (B. D. 54).

106 — L'Apocalypse de saint Jean. Suite de 23 estampes avec texte, renfermées dans un vol. in-fol. (B. D. 27-49).

> Très-rare.

Dyck (Antoine), peintre et graveur à l'eau-forte; né à Anvers en 1599, mort à Londres en 1641.

107 — Portrait de Philippe Leroy terminé par Pontius.

> Rare épreuve du troisième état avant la lettre.

108 — Portrait de Paul Pontius (C. 9).

> Très-rare épreuve du deuxième état avant les lettres G. H. et avant le mot *Antuerpire*.

109 — Portrait de F. Snyders (C. 12).

> Très-rare épreuve avant la bordure, la tête seulement, au bas l'inscription ; de la plus grande rareté.

110 — Portrait de Vorsterman (C. 19).

> Très-rare épreuve du deuxième état avant les lettres G. H. et avec le fond blanc.

111 — Portrait de Paul de Vos (C. 21).

Très-rare épreuve du premier état avant la lettre.

112 — Portrait de Cornelissen.

Très-rare épreuve d'eau-forte avant la lettre.

113 — Portrait de Philippe Leroy.

Très-rare; ce portrait est du sens opposé à celui que l'on rencontre avant la lettre.

114 — Volume de Van Dyck relié en maroquin vert.

Il contient :

— Jésus insulté par ses bourreaux.

Premier état avant les mots *aqua forti* après *inuen*

— Le Titien considérant sa maîtresse.

Premier état avant l'adresse de Bonenfant.

— Breughel le Vieux, dit le Drôle.

Ép. avant toutes lettres, avec toute sa marge.

— Breughel de Velours.

Avant toutes lettres, avec toute sa marge.

— Dyck, Antoine.

La tête seulement, avant toutes lettres; avec toute sa marge.

— Le même portrait.

La tête seulement, avant toutes lettres; avec toute sa marge.

— Érasme Didier.

Avant toutes lettres, avec toute sa marge.

— Franck, François.

Avant toutes lettres, avec toute sa marge.

— Leroy, Philippe.

La tête seulement, avec la tache d'eau-forte, avant toutes lettres ; l'épreuve a toute sa marge.

— Monper, Josse.

Avant toutes lettres, avec toute sa marge.

— Oort ou Noort, Adam Van.

> Avant toutes lettres, avant le trait carré qui entoure le fond, avec toute sa marge.

— Pontius ou Dupont, Paul.

> Épreuve avant toutes lettres, avec toute sa marge.

— Smellinx, Jean, de Malines.

> Épreuve avant toutes lettres, avec toute sa marge.

— Snyders, François.

> Épreuve avant toutes lettres, avec toute sa marge.

— Suttermans, Juste.

> Épreuve avant toutes lettres, avec toute sa marge.

— Vorsterman, Lucas.

> Épreuve avant toutes lettres, avec toute sa marge.

— Triest, Antoine.

> Avec toute sa marge.

— Vos (Guillaume de).

> Épreuve avant toutes lettres, avec toute sa marge.

— Vos (Paul de).

> Épreuve du troisième état, avec toute sa marge, terminée par Meysseus.

— Wael (Jean de).

> Avant toutes lettres, le bras et la main ne sont qu'indiqués; avec toute sa marge.
> Id. Entièrement terminé, avant toutes lettres, avec toute sa marge; très-rare.

On trouve dans le même volume les portraits suivants avec l'adresse de Gillis Hendricx :

— Breughel de Velours.

> Avant le fond.

— Érasme.

> Avant G. H., avec toute sa marge.

— Monper.

> Avec G. H., et une grande marge.

— Oort ou Noort.

> Avec G. H., et une grande marge.

— Smellinx.

> Avec G. H., et une grande marge.

— Snyders, terminé par Neeffs.

> Avec G. H., et une grande marge.

— Suttermans.

> Avec G. H., avec toute sa marge.

— Vorsterman, Lucas.

> Avec G. H., avec une grande marge.
>
> En outre 112 estampes de la suite de Martinus Van
> den Enden et autres.
>
> Épreuves avec toutes marges.

— Avec Martinus Van den Enden.

> La plupart avant le nom du graveur et avec d'autres re-
> marques.

EARLOM (Richard), graveur à l'eau-forte et en manière noire ;
né dans le comté de Sommerset en 1728, mort à Londres
vers 1794.

115 — Les Fleurs et les Fruits, d'après Van Huysum.

> Très-rares épreuves avant toutes lettres et avant les armes ;
> non décrit.

EDELINCK (Gérard), dessinateur et graveur au burin ; né à
Anvers en 1640, mort à Paris en 1707.

116 — Sainte Famille, d'après le tableau de Raphaël qui
est au musée du Louvre (R. D. 4).

> Épreuve avant les armes de Colbert, avec toute sa marge.

117 — Le Combat des quatre cavaliers, d'après Léonard
de Vinci (R. D. 44).

> Très-rare épreuve avant la lettre.

4

118 — Portrait de Philippe de Champaigne, célèbre peintre, d'après lui-même (R. D. 164).

> Superbe épreuve du premier état avant le trait échappé.

119 — Portrait de Charles Colbert, marquis de Croissy, ministre et secrétaire d'État, d'après Rigaud (R. D. 175).

> Rare épreuve avant la lettre.

120 — Portrait de Martin Van den Bogaert, connu sous le nom de Desjardins, célèbre sculpteur, d'après Rigaud (R. D. 182).

> Rare épreuve avant la lettre.

121 — Portrait de Frédéric Léonard, premier imprimeur du roi et du clergé (R. D. 242).

> Très-rare épreuve du premier état avant l'inscription au-dessus des armes.

122 — Portrait de Louis XIV, roi de France (R. D. 248).

> Épreuve avant toutes lettres.

123 — Portrait d'Israël Silvestre, célèbre graveur, d'après C. Le Brun (R. D. 319).

> Rare épreuve avant la lettre et avant la vue de Paris.

124 — Portrait de Nicolas Vérien, graveur de devises et cachets (R. D. 335).

> Épreuve avant toutes lettres.

EDELINCK (Nicolas), graveur au burin ; né à Paris vers 1680, mort en 1768.

125 — Portrait de madame de Sévigné.

> Épreuve d'un état unique avec les mots *marquis* au lieu de *marquise*, *Candal* au lieu de *Chantal* et *Scuigné* au lieu de *Sévigné*.

126 — Le même portrait.

> Épreuve avant le trait d'union ; les fautes sont corrigées.

EVERDINGEN (Albert Van), peintre et graveur à l'eau-forte et en manière noire; né à Alkmaer en 1621, mort dans la même ville en 1675.

127 — La Rivière dans la forêt (B. 101).
Épreuve de la grande planche carrée; la planche a été réduite d'un tiers dans l'état suivant.

FAITHORNE (William), peintre et graveur à l'eau-forte et au burin; né à Londres en 1620, mort dans la même ville en 1691.

128 — Portrait de lord Fairfax, général des troupes du Parlement.

129 — Portrait de Francesca Bridges, comtesse d'Exeter.

FICQUET (Étienne), graveur au burin; né à Paris en 1719, mort dans la même ville en 1794.

130 — Portrait de Boileau.
Très-rare épreuve avant la lettre et avant beaucoup de travaux; la plume est blanche.

131 — Portrait de Bossuet.
Rare épreuve avant la lettre.

132 — Portrait de Corneille.
Rare épreuve avant la lettre, avec le bouclier blanc, et avant un grand nombre de travaux.

133 — Portrait de Descartes.
Très-rare épreuve avant la lettre et la bordure.

134 — Portrait de La Fontaine, pour les Fables.
Rare épreuve avant la lettre et avant beaucoup de travaux.

135 — Portrait de La Fontaine pour les Contes.
Très-rare épreuve avant la bordure.

136 — Portrait de madame de Maintenon.
Très-rare épreuve du premier état avant beaucoup de travaux et avant les noms des artistes; peut-être unique.

137 — Portrait de Molière.

Épreuve unique avant la lettre, le portrait est entouré du dessin qui a servi à la gravure de la bordure.

138 — Portrait de Regnard.

Rare épreuve avant la lettre et avant beaucoup de travaux.

139 — Portrait de J.-B. Rousseau.

Rare épreuve avant la lettre et avant beaucoup de travaux ; il y a plusieurs états postérieurs avant la lettre.

140 — Portrait de J.-J. Rousseau.

Rare épreuve avant la lettre et avant un grand nombre de travaux.

141 — Portrait de Voltaire.

Rare épreuve avant la lettre et avant les noms des artistes.

FLIPART (Jean-Jacques), graveur au burin ; né à Paris en 1723, mort en 1782.

142 — L'Accordée de village, d'après Greuze.

Rare épreuve avant la lettre.

GELÉE (Claude), dit le Lorrain, peintre et graveur à l'eau-forte ; né à Chamagne, dans la Lorraine, en 1600 ; mort à Rome en 1682.

143 — La Danse au bord de l'eau (R. D. 6).

Épreuve du premier état avant le numéro.

144 — Le Naufrage (R. D. 7).

Épreuve du premier état, avant le numéro.

145 — Le Bouvier (R. D. 8).

Épreuve du premier état avant le numéro, à gauche.

146 — Le Coucher du soleil (R. D. 15).

Épreuve du premier état avant le numéro, à gauche.

147 — L'Enlèvement d'Europe (R. D. 22).

Épreuve du premier état.

148 — Le Campo Vaccino (R. D. 23).

Rare épreuve du deuxième état.

Ghisi (Georges), dit le Mantouan, dessinateur et graveur au burin; né à Mantoue, vers 1520; mort en 1582.

149 — La Dispute du Saint-Sacrement, d'après Raphaël (B. 23).

Glockenton (Albert), peintre et graveur au burin; né à Nuremberg vers 1450, florissait au commencement du xvi⁰ siècle.

150 — L'Adoration des rois (B. 1).
Pièce capitale du maître.

Goltzius (Henri), peintre et graveur au burin et en bois; né à Mulbrecht, dans le duché de Juliers, en 1558; mort à Harlem en 1617.

151 — Le Christ sur les genoux de la Vierge, d'après Albert Durer (B. 41).
Première épreuve avant le millésime sur le petit rocher à droite.

152 — Portrait de Henri Goltzius, de grandeur naturelle (B. 172).
Rare épreuve avant la lettre.

153 — Portrait de Henri IV (B. 173).
Première épreuve avec l'adresse de Paul de la Houue.

154 — Le Fils de Théodore Frisius. Pièce connue sous le nom de Chien de Goltzius (B. 190).

Goya (Don Francisco), peintre et graveur à l'eau-forte; né vers 1760 et mort en 1830.

155 — Las Meniñas, d'après Vélasquez.
Pièce non décrite.

156 — Le Garrotté.
Première épreuve avant la lettre.

Hackert (Jean), peintre et graveur à l'eau-forte; né à Amsterdam vers 1635; l'année de sa mort n'est pas connue.

157 — Le Ruisseau étroit (B. 3).

Première épreuve à l'eau-forte pure, avec le ciel qui a été effacé dans l'état suivant et avant le numéro.

158 — Le Rocher baigné par la rivière (B. 6).

Première épreuve à l'eau-forte pure, avant le numéro.

HEUSCH (Guillaume de), peintre et graveur à l'eau-forte; né à Utrecht en 1638, mort dans la même ville, à un âge très-avancé.

159 — Le Muletier (B. 2).

Première épreuve avant le nom du maître.

HOLLAR (Wenceslas), dessinateur et graveur à l'eau-forte; né à Prague en 1607, mort à Londres en 1677.

160 — Le Lièvre suspendu.

Premier état avant l'adresse de Ponter.

161 — La vue de la Cathédrale d'Anvers.

Premier état avant les contretailles sur la maison à droite et avec le titre commençant par *Prospectus*.

162 — La Cathédrale de Strasbourg.

Premier état.

163 — Représentation d'un Calice, d'après André Mantegna.

JEGHER (Christophe), graveur en bois; né en Allemagne vers la fin du XVIᵉ siècle, mort selon les uns en 1660, et selon les autres en 1670.

164 — La Vierge aux anges, d'après Rubens. Pièce gravée sur bois.

Très-rare épreuve imprimée en camaïeu.

LAUWERS (Nicolas), graveur au burin; né à Lens, dans le XVIIᵉ siècle.

165 — L'Adoration des Rois, d'après Rubens.

Rare épreuve avant la lettre.

166 — Saint Martin de Tours délivrant un possédé, d'après Jordaens.

Très-rare épreuve avant la lettre.

Le Blond (Jacques-Christophe), peintre et inventeur de la gravure en couleur; né à Francfort-sur-le-Mein en 1670, mort à Paris en 1741.

167 — Portrait de Louis XV, de grandeur naturelle.

Morceau imprimé en couleur; très-rare.

Lesueur (Eustache), peintre et graveur à l'eau-forte; né à Paris en 1617, mort en 1655.

168 — La Sainte Famille (R. D. 1).

Épreuve du premier état, avant l'adresse de F. Bourlier.

Leu (Thomas de), dessinateur et graveur au burin; né à Paris en 1562, mort vers 1620.

169 — Portrait de Michel de Montaigne.

Leyde (Lucas de), peintre et graveur à l'eau-forte, au burin et sur bois; né à Leyde en 1494, mort en 1533.

170 — Adam et Ève (B. 10).

Première épreuve avant la lettre L au milieu du bas de l'estampe.

171 — Loth et ses filles (B. 16).

172 — Les deux Vieillards apercevant Suzanne dans le bain (B. 33).

173 — La Résurrection de Lazare (B. 42).

174 — Le Christ présenté au peuple (B. 71).

175 — Le Retour de l'Enfant prodigue (B. 78).

176 — Saint Georges rencontrant la princesse (B. 121).

177 — La Danse de la Madeleine (B. 122).

178 — La Laitière (B. 158).

179 — Les Enfants guerriers (B. 165).

180 — Deux Rinceaux d'ornements (B. 169).

181 — Sujets d'amours dans des ronds (B. 170-171).

182 — Portrait de l'empereur Maximilien (B. 172).

Livens (Jean), peintre et graveur à l'eau-forte et au burin ; né à Leyde en 1607, mort à Anvers en 1663.

183 — Portrait d'Ephraïm Bonus, médecin juif (B.56).
Première épreuve avant la lettre et avant nombre de travaux sur le chapeau, la colonne, etc.

184 — Portrait de Juste Vondel, célèbre poëte hollandais (B. 57).
Première épreuve avant la lettre.

185 — Portrait de Daniel Heinsius, professeur d'histoire et de politique à Leyde (B. 58).
Première épreuve avant la lettre.

186 — Portrait de Jacques Gouter, musicien anglais (B. 59).
Première épreuve avant la lettre.

Longhi (Joseph), dessinateur et graveur au burin ; né à Milan en 1766, mort en 1831.

187 — Le Mariage de la Vierge, d'après Raphaël.
Très-rare épreuve avant toutes lettres.

Mair, dessinateur et graveur au burin ; né à Landshut ; travaillait à la fin du xve siècle.

188 — Samson portant les portes de la ville de Gaza (B. 2).

189 — La Nativité (B. 4).

190 — La banderole présentée (B. 11).

Maître anonyme florentin du xvie siècle.
191 — La Cène.
Pièce non décrite.

Maître anonyme, graveur allemand en manière criblée, appartenant à l'époque la plus ancienne (1423-1430).

192 — Un calvaire (Passavant t. 1, p. 87).
De la dernière rareté.

Maître des sujets tirés de Boccace.

193 -- Le Roi et l'Homme mort (Passavant 5).
Superbe épreuve de la dernière rareté.

194 -- Le Duel.
Pièce non décrite et faisant le pendant de la précédente, de la dernière rareté.

Maître au monogramme B. M.

195 — Le Jugement de Salomon (B. 1).

Maître aux initiales E. S., dit le Maître de 1466.

196 — Saint George (B. 78).

197 — Le Sauveur (B. 84).

198 — Composition chimérique représentant une lettre de l'alphabet (B. 100).

199 — Composition chimérique représentant une lettre de l'alphabet (B. 108).

200 — L'adoration des Mages.
Pièce inconnue à Bartsch (Passavant, 124).

201 — La Vierge et l'enfant Jésus entourés par des anges.
Pièce inconnue à Bartsch (Passavant, 143). — Elle porte le monogramme du maître et l'année 1467.

202 — Saint Jean dans l'île de Pathmos.
Pièce inconnue à Bartsch (Passavant, 161). — Elle porte le monogramme du maître et l'année 1467.

203 — La Vierge en prière dans une chambre richement ornée.
Pièce inconnue à Bartsch (Passavant, 189). — Elle porte le monogramme du maître et l'année 1467.

Maître au monogramme L. G. Vivait dans le xve siècle.

204 — Jésus-Christ tenté par le démon (B. 1).

Mantegna (André), peintre et graveur au burin ; né à Padoue en 1431, mort à Mantoue en 1506.

205 — Sainte Famille à la grotte (B. 9).

    Très-rare épreuve non terminée

206 — Hercule combattant l'hydre (B. 15).

Masson (Antoine), peintre et graveur à l'eau-forte et au burin ; né à Louvry, près d'Orléans, en 1636 ; mort à Paris en 1700.

207 — Jésus et les deux disciples à Emmaüs, dite la Nappe (R. D. 5).

    Très-rare épreuve avant la lettre et avec les ongles des pieds du Christ blancs, probablement unique.

208 — Portrait de Guillaume de Brisacier, secrétaire des commandements de la Reine, d'après Mignard (R. D. 15).

    Très-rare épreuve avant la lettre.

209 — François-Marie, doge de Gênes (R. D. 29).

    Très-rare épreuve du premier état.

210 — Portrait de Henri de Lorraine, comte d'Harcourt, grand écuyer de France, d'après Mignard (R. D. 34).

    Première épreuve, probablement unique, avant beaucoup de travaux sur la cuirasse et le pommeau de l'épée, et avec l'adresse du maître, remplacée depuis par celle de Poilly.

Marinus (Ignace), graveur au burin ; né à Anvers dans la première moitié du xviie siècle.

211 — La Messe de S. Ignace d'après Rubens.

    Très-rare épreuve avant la lettre.

Mecken (Israël de), peintre et graveur au burin ; né à Meckenen-sur-la-Meuse vers le milieu du xve siècle ; mort selon les uns en 1523, selon les autres en 1528.

212 — La danse d'Hérodiade (B. 9).

213 — La Passion de Jésus-Christ. Suite des douze estampes (B. 20, 21).

214 — Six sujets dans des ronds (B. 150).

MEER DE JONGHE (Van der), peintre et graveur à l'eau-forte; né vers 1656, mort en 1706.

215 — Les Moutons (B. 1).
De la plus grande rareté.

215 bis. — La même estampe.
Contre-épreuve. (Très-rare.)

MODÈNE (Nicoletto de) ou ROSEX, peintre et graveur; travaillait au commencement du xvɪᵉ siècle.

216 — Le Jugement universel (B. 23).

MONTAGNA (Benedetto), peintre et graveur; vivait vers l'an 1500.

217 — L'Enlèvement d'Europe (B. 23).

MOZETTO (Girolamo), peintre et graveur au burin; né à Vérone vers 1454.

218 — Judith portant la tête d'Holopherne (B. 1).
Très-rare.

MORGHEN (Raphaël), graveur à l'eau-forte et au burin; né à Naples en 1758, mort à Florence en 1833.

219 — La Cène, d'après Léonard de Vinci.
Rare épreuve avant la lettre (lettres grises). Avec toute sa marge.

220 — La Transfiguration, d'après Raphaël.
Très-rare épreuve avant la lettre, sur papier de Chine.

MORIN (Jean), peintre et graveur à l'eau-forte; né à Paris au commencement du xvɪɪᵉ siècle, mort dans la même ville vers 1666.

221 — La Sainte Vierge, d'après Raphaël (L. D. 14).
Épreuve avant toutes lettres, non terminée.

222 — Portrait de Franck, peintre, d'après lui-même (R. D. 52).
Très-rare épreuve avant la lettre.

223 — Portrait de Louis XI, roi de France (R. D. 63).
Très-rare épreuve avant la lettre.

224 — Portrait d'Antoine Vitré, célèbre imprimeur, d'après Champaigne (R. D. 88).
Très-rare épreuve avant la lettre.

MULLER (Frédéric), dessinateur et graveur au burin; né à Stuttgard en 1782, mort près de Pirna en 1816.

225 — La Madonna de San Sisto, d'après Raphaël.
Très-rare épreuve avant la lettre, sur papier de Chine.

NANTEUIL (Robert), peintre au pastel et graveur au burin; né à Reims en 1630, mort en 1678.

226 — Portrait de Simon Arnaud de Pomponne, ministre d'État (R. D. 24).
Épreuve de premier état, il n'y a pas de barre après le point qui suit le mot MANDAT.

227 — Portrait de Pomponne de Bellièvre, premier président au parlement de Paris (R. D. 37).
Épreuve du premier état avant le guillemet.

228 — Portrait de la reine Christine de Suède (R. D. 67).
Épreuve du premier état, le quatrain finit par un point simple.

229 — Portrait de Jean-Baptiste Colbert, contrôleur général des finances (R. D. 76).
Épreuve du premier état, on ne voit pas au milieu du haut la lettre A suivie d'un point.

230 — Portrait de Nicolas Fouquet, surintendant des finances (R. D. 98).

Épreuve du premier état avec le mot *Missire* au lieu de *Messire*.

231 — Portrait du duc de La Meilleraye, maréchal de France, d'après Juste (R. D. 118).

Première épreuve d'un état non décrit, avant le guillemet à la suite du millésime.

232 — Portrait de Hugues de Lionne, secrétaire d'État (R. D. 146).

Très-rare épreuve du premier état avant l'inscription enlevée.

233 — Portrait de Louis XIV en manteau royal (R. D. 153).

Épreuve d'un premier état non décrit, avant des guillemets à la suite de l'année.

234 — Portrait de Louis XIV, de grandeur naturelle (dit aux pattes de Lion (R. D. 161).

Épreuve du premier état, sans aucun signe dans la marge du haut.

235 — Portrait du cardinal Mazarin (R. D. 183).

Épreuve du premier état, avant le guillemet à la suite de l'année.

236 — Portrait de Philippe, fils de France, duc d'Orléans, frère de Louis XIV (R. D. 208).

Épreuve du premier état, avant le point et le guillemet après *Regis*.

237 — Portrait de Van Stenbergher, dit l'avocat de Hollande, conseiller du roi au conseil de Flandre (R. D. 226).

Épreuve d'un premier état non décrit, avec les angles aigus.

238 — Portrait du maréchal de Turenne, d'après Champaigne (R. D. 232).

Épreuve avant la lettre et avant divers travaux, avec le coup de lumière sur la cuirasse; probablement unique.

239 — Le même personnage (R. D. 233).

Épreuve du deuxième état, avant la barre qui suit l'R du prénom Nantueil.

NIELLES.

240 — L'Adoration des Mages, par Mazo Finiguerra.

Duchesne, *Essai sur les Nielles*, n° 33.

241 — Triomphe de Mars, par Pérégrini.

Duchesne, 220.

242 — Hercule tuant l'hydre, par Pérégrini.

Duchesne, 247.

243 — Hercule combattant l'hydre, par Pérégrini.

Duchesne, 249.

244 — Artaxerce recevant la tête de Cyrus.

Duchesne, 262.

245 — Allégorie sur l'abondance, par Pérégrini.

Duchesne, 306.

246 — Homme et femme de trois quarts.

Duchesne, 341.

247 — Tête d'un guerrier.

Duchesne, 345.

248 — Deux hommes tenant une grande coupe au-dessus de leur tête.

Passavant, 702.

NOLIN (Jean-Baptiste), graveur et éditeur; né à Paris en 1657, mort en 1725.

249 — Portrait de Molière, d'après Mignard.

Très-rare épreuve avant la lettre, d'un état antérieur avec le doigt dépassant la bordure.

250 — Le même portrait.

Très-rare épreuve. Le bras qui tient le livre, la main qui tient la plume sont changés ; avant la lettre.

OSTADE (Adrien van), peintre et graveur à l'eau-forte ; né à Lubeck en 1610, mort à Amsterdam en 1685.

251 — La Tendresse champêtre (B. 11).

Rare épreuve avec la grande S dans le nom du maître

252 — La Poupée demandée (B. 16).

Première épreuve à l'eau-forte pure.

253 — Les Harangueurs (B. 19).

Première épreuve à l'eau-forte pure.

254 — La Chanteuse (B. 30).

Première épreuve à l'eau-forte pure, avec le fond blanc.

254 *bis* — La même estampe.

Deuxième épreuve avec le fond, mais avant les planches du parquet.

255 — Le Peintre (B. 32).

Première épreuve avant la lettre et avec le bonnet élevé.

256 — Le Violon et le Petit Vielleur (B. 45).

Première épreuve à l'eau-forte pure et avant le trait autour de la composition, non décrit par M. Faucheux.

257 — La Danse au cabaret (B. 49).

Très-rare épreuve avant beaucoup de travaux.

258 — Le Goûter (B. 50).

Première épreuve avant la lettre et avant beaucoup de travaux.

OUDRY (Jean-Baptiste), peintre et graveur à l'eau-forte ; né à Paris en 1686, mort à Beauvais en 1755.

259 — Le Chien braque.

Rare épreuve d'eau-forte pure non terminée.

260 — La même estampe.

Rare épreuve avant la lettre, terminée.

PENCZ (George), peintre et graveur, né à Nuremberg vers 1500, mort à Breslau en 1550.

261 — La Prise de Carthage (B. 86).
> Premier état avant l'adresse.

PESNE (Antoine), peintre et graveur à l'eau-forte et au burin ; né à Rouen en 1623, mort à Paris en 1700.

262 — Portrait du Poussin, d'après lui-même.
> Très-rare épreuve avant la lettre. On ne connaît que deux épreuves de cet état.

POILLY (François de), dessinateur et graveur au burin ; né à Abbeville en 1622, mort à Paris en 1693.

263 — La Vierge au berceau, d'après Raphaël.
> Très-rare épreuve avant la lettre et avant beaucoup de travaux. On ne connaît que cette épreuve et celle de la Bibliothèque impériale.

POLLAJUOLO (Antoine), orfévre, ciseleur, peintre et graveur au burin ; né à Florence en 1426, mort à Rome en 1498.

264 — Les Gladiateurs (B. 1).
> Très-rare.

PONTIUS (Paul), graveur au burin ; né à Anvers en 1596, l'année de sa mort n'est pas connue.

265 — Portrait de Rubens, d'après lui-même.
> Très-rare épreuve avant la lettre et la bordure.

266 — Thomiris faisant plonger la tête de Cyrus dans un bassin plein de sang humain, d'après Rubens.

267 — Saint Georges, d'après Rubens.
> Rare épreuve avant la lettre.

268 — Le Roi boit, d'après Jordaens.
> Très-rare épreuve avant la lettre et avant divers travaux.

PORPORATI (Charles), graveur au burin ; né à Turin en 1740, mort dans la même ville en 1816.

269 — La Petite Fille au chien, d'après Greuze.
Très-rare épreuve avant la lettre.

POTTER (Paul), peintre et graveur à l'eau-forte; né à Enkhuizen en 1625, mort à Amsterdam en 1654.

270 — Le Vacher (B. 14).
Première épreuve de la grande planche, avant la lettre, de la dernière rareté.

271 — La Vache couchée (B. 17).
Très-rare.

PRIMATICE (François), florissait au commencement du XVIe siècle.

272 — Les deux Femmes romaines.
Seule estampe gravée par ce maître (B. 1).

RAIMONDI (Marc-Antoine), dessinateur et graveur au burin; né à Bologne vers 1488; l'année de sa mort n'est pas connue.

273 — Adam et Ève dans le Paradis terrestre, d'après Raphaël (B. 1).

274 — Adam et Ève chassés du Paradis, d'après Raphaël (B. 2).

275 — David combattant Goliath, d'après Raphaël (B. 10).
Première et très-rare épreuve avant la tablette à la droite du bas.

276 — Le Massacre des Innocents (B. 18), première planche dite au chicot.
Épreuve de la plus grande rareté, avant l'inscription et le monogramme du maître à gauche, dite ainsi avant la lettre.

277 — Le Massacre des Innocents, d'après Raphaël (B. 20).
Seconde planche.

278 — Jésus-Christ à table chez Simon le Pharisien, d'après Raphaël (B. 23).

279 — La Cène, d'après Raphaël (B. 26).

280 — Le Christ au tombeau (B. 30).

281 — Saint Paul prêchant à Athènes, d'après Raphaël (B. 44).

282 — La Vierge sur les nues, d'après Raphaël (B. 47).

283 — La Vierge assise sur des nues, d'après Raphaël (B. 52).

284 — Le même sujet gravé une seconde fois (B. 53).

285 — La Vierge à la longue cuisse, d'après Raphaël (B. 57).

286 — La Vierge au palmier, d'après Raphaël (B. 62).

287 — La Vierge au berceau, d'après Raphaël (B. 63).

288 — Le Martyre de saint Laurent, d'après Baccio Bandinelli (B. 104).
      Première et très-rare épreuve avec les deux fourches.

289 — Jésus-Christ rayonnant de gloire, assis sur des nuages. Pièce connue sous le nom des Cinq saints, d'après Raphaël (B. 113).

290 — Sainte Cécile, d'après Raphaël (B. 116).
      Première épreuve dite au collier.

291 — Didon, d'après Raphaël (B. 187).

292 — Lucrèce, d'après Raphaël (B. 192).

293 — Cléopâtre, d'après Raphaël (B. 199).

294 — Le Triomphe, d'après André Mantegna (B. 213).

295 — La Danse des Amours, d'après Raphaël (B. 217).

296 — Deux faunes portant un enfant, d'après un bas-relief antique (B. 230).

297 — Le Jugement de Pâris, d'après Raphaël (B. 245).

298 — Vénus apparaissant à Enée (B. 288).

299 — Les Travaux d'Hercule. Suite de quatre estampes (B. 289-292).

300 — La Vendange, d'après Raphaël (B. 306).

301 — Mars et Vénus et l'Amour (B. 345).
Première et très-rare épreuve avant le brandon dans la main de Vénus, et la tête de Gorgone sur le bouclier.

302 — Amadée, d'après Francia (B. 355).
Premier état.

303 — Trajan entre la ville de Rome et la Victoire, d'après un bas-relief (B. 361).

304 — Le vieux Berger et le jeune homme, d'après Raphaël (B. 366).

305 — L'Homme frappé avec la queue de renard, d'après Francia (B. 372).

306 — L'Homme et la Femme aux boules, d'après Francia (B. 377).

307 — La Philosophie, d'après Raphaël (B. 381).

308 — La Poésie, d'après Raphaël (B. 382).
Première et très-rare épreuve avant l'inscription sur la tablette que tient un enfant à droite.

309 — Les trois Docteurs (B. 404).

310 — La Peste, d'après Raphaël (B. 417).

311 — Le Berger et la Nymphe couchée, d'après Raphaël (B. 429).

312 — La jeune Mère s'entretenant avec deux hommes, d'après Francia (B. 432).

313 — Le Paysan et la Femme aux œufs, d'après Raphaël (B. 453).

314 — L'Homme examinant la blessure de son pied (B. 465).

315 — Le Joueur de guitare, d'après Francia (B. 469).

316 — Les Grimpeurs, d'après Michel-Ange (B. 487).
Le paysage est d'après Lucas de Leyde.

317 — Portrait de Raphaël (B. 496).

318 — Le Christ mort entouré des saintes femmes, d'après Albert Durer (B. 646).
Très-rare.

319 — Le Seigneur et la Dame, d'après Albert Durer (B. 652).

REMBRANDT VAN RHYN (Paul), peintre et graveur; né à Leyde, le 14 juillet 1606, mort à Amsterdam le 7 octobre 1669.

320 — Portrait de Rembrandt aux trois moustaches (B. 2). Cl. 2. C. B. 206.

321 — Le portrait de Rembrandt appuyé (B. 21). Cl. 21. C. B. 234.
Premier état avant l'allongement du cordon du bonnet. Presque inédit.

322 — Portrait de Rembrandt dessinant (B. 22). Cl. 22. C. B. 235.
Rare épreuve avant le paysage au travers de la croisée.

323 — Portrait de Rembrandt (B. 23). Cl. 23. C. B. 232.
Deuxième épreuve avec les onglets de chaque côté de la planche. On ne connaît que cinq épreuves du premier état, quatre sont dans des bibliothèques publiques.

324 — Portrait de Rembrandt sur une planche haute et étroite. Pièce inconnue à Bartsch (Cl. 32). C. B. 228.
Très-rare.

325 — Abraham renvoyant Agar (B. 30). Cl. 37. C. B. 3.

326 — Abraham avec son fils Isaac (B. 34). Cl. 38. C. B. 4.
Épreuve du premier état avec les bords de la planche aigus
et raboteux; non décrit.

327 — Joseph racontant ses songes devant ses frères (B. 37).
Cl. 41. C. B. 9.
Première épreuve avant les travaux sur la figure du frère
de Joseph.

328 — Le triomphe de Mardochée (B. 40). Cl. 44. C. B. 12.

329 — L'Annonciation aux bergers (B. 44). Cl. 48. C.
B. 17.

330 — Jésus prêchant. Pièce dite la Petite tombe (B. 67).
Cl. 71. C. B. 39.
Première épreuve chargée de manière noire.

331 — La résurrection de Lazare (B. 73). Cl. 77. C.
B. 48.
Rare épreuve, où l'homme épouvanté a la tête nue.

332 — Jésus guérissant les malades; pièce dite aux Cent
florins (B. 74). Cl. 78. C. B. 49.
Epreuve, sur papier du Japon, avant les contretailles sur
le cou de l'âne; elle a une grande marge.
Premier état de Claussin.
Cette estampe, cédée par Rembrandt lui-même à Zoomer,
passa ensuite dans le cabinet de Zanetti, acheté par M. De-
non. Après avoir fait partie de la collection Verstolk de Soelen,
elle devint la propriété de M. Price. A la vente de ce dernier,
elle fut acquise par M. Palmer au prix de 1180 livres ster-
ling, et revendue l'année suivante, après la mort de cet amateur, 1100 livres (27,500 fr.). On ne connaît que huit épreuves
de cet état: une à la Bibliothèque impériale de Paris, deux au
British Museum, une à la Bibliothèque impériale de Vienne,
et une au Cabinet des estampes d'Amsterdam. Trois seulement sont chez des particuliers: une chez le duc de Buc-
cleuch, une chez M. Holford, à Londres, et celle-ci qu'on peut

regarder comme la plus belle connue à cause de son étonnante conservation.

333 — Jésus-Christ présenté au peuple (B. 76). Cl. 80. C. B. 52.

Très-rare épreuve du premier état avant quantité de travaux, sur papier du Japon.

334 — L'Ecce Homo (B. 77). Cl. 82. C. B. 52.

Première épreuve avant les contretailles sur la figure du Juif au milieu de l'estampe.

335 — Les trois Croix (B. 78). Cl. 81. C. B. 53.

Très-rare épreuve du premier état avant le nom de Rembrandt; la figure du vieillard affligé est au trait.

336 — La grande Descente de croix (B. 81). Cl. 83. C. B. 56.

Première épreuve avant l'adresse de Hendrikus Vlenburgensis.

337 — Le bon Samaritain (B. 90). Cl. 94. C. B. 41.

Première épreuve; le cheval a la queue blanche et le mur d'appui est clair.

338 — Saint Jérôme dans le goût de Durer (B. 104). Cl. 107. C. B. 75.

Première épreuve avant les travaux sur les chevalets du pont; papier du Japon.

339 — Saint François en prière (B. 107). Cl. 110. C. B. 78.

Sur papier du Japon.

340 — La Bohémienne espagnole (B. 120). Cl. 122. C. B. 83.

Morceau très-rare.

341 — La Coquille (B. 159). Cl. 156. C. B. 353.

Morceau rare.

342 — Les Mendiants à la porte d'une maison (B. 176). Cl. 173. C. B. 146.

343 — La Femme au poële (B. 197). Cl. 194. C. B. 161.
Rare épreuve avec le grand bonnet.

344 — La Femme à la flèche (B. 202). Cl. 199. C. B. 166.

345 — Vue d'Omval (B. 209). Cl. 206. C. B. 312.

346 — Vue ancienne d'Amsterdam (B. 210). Cl. 207. C. B. 313.

347 — Le Paysage aux trois arbres (B. 212). Cl. 209. C. B. 315.

348 — L'Homme au lait (B. 213). Cl. 210. C. B. 316.

349 — Paysage aux trois chaumières (B. 217). Cl. 214. C. B. 318.
Deuxième épreuve sur papier du Japon avant les travaux sur le terrain du devant et avant les contretailles sur les chaumières.

350 — Le Paysage à la tour carrée (B. 218). Cl. 215. C. B. 319.

351 — Le Paysage à la tour (B. 223). Cl. 230. C. B. 325.

352 — La Chaumière et la grange à foin (B. 225). Cl. 222. C. B. 327.

353 — La Chaumière au grand arbre (B. 226). Cl. 223. C. B. 326.

354 — La Campagne du peseur d'or (B. 234). Cl. 231. C. B. 334.

355 — Portrait de Clément de Jonghe (B. 272). Cl. 269. C. B. 180.
Rare épreuve du premier état.

356 — Le même portrait.
Rare épreuve du troisième état.

357 — Portrait d'Abraham France (B. 273). Cl. 270. C.
B. 176.
> Rare épreuve du deuxième état sur papier du Japon.

358 — Le même portrait.
> Superbe épreuve du cinquième état.

359 — Portrait du vieux Haaring (B. 274). Cl. 271. C.
B. 178.
> Deuxième état avant quelques hachures sur le rideau et avant le châssis de la fenêtre derrière le grillage.

360 — Portrait du jeune Haaring (B. 275). Cl. 272. C.
B. 179.
> Superbe épreuve du deuxième état sur papier du Japon.

361 — Portrait de Lutma (B. 276). Cl. 273. C. B. 182.
> Très-rare épreuve du premier état avant la croisée.

362 — Portrait d'Asselyn (B. 277). Cl. 274. C. B. 171.
> Premier état avec le chevalet derrière le personnage.

363 — Portrait d'Ephaïm Bonus, dit le Juif à la rampe
(B. 278). Cl. 275. C. B. 172.

364 — Portrait d'Wtenbogardus (B. 279). Cl. 276. C.
B. 190.
> Rare épreuve avec les onglets de chaque côté de la planche.

365 — Portrait de Jean Silvius (B. 280). Cl. 277. C. B. 187.

366 — Portrait du peseur d'or (B. 281). Cl. 278. C. B. 190.
> Premier état avec la tête du personnage au trait.

367 — Le bourguemestre Six (B. 285). Cl. 282. C. B. 184.
> Deuxième épreuve avec le chiffre retourné.

368 — La Fiancée juive (B. 340). Cl. 330. C. B. 199.
> Deuxième état.

RIBERA (Joseph), dit l'Espagnolet, peintre et graveur à l'eau-
forte; né à Xativa en 1588, mort à Naples en 1656.

369 — Le Martyre de saint Barthélemy (B. 6).
Premier état.

370 — Portrait de Don Juan d'Autriche à cheval (B. 14).
Première épreuve. Très-rare.

RICHOMME (Joseph-Théodore), graveur au burin ; né à Paris en 1785.

371 — Galathée, d'après Raphaël.
Très-rare épreuve avant toutes lettres, dite d'artiste, avec le petit rocher à droite.

372 — Thétis portant l'armure d'Achille, d'après le baron Gérard.
Rare épreuve d'artiste, avec le petit rocher à gauche.

Roos (Jean-Henri), peintre et graveur à l'eau-forte ; né à Allerdof en 1631, mort à Francfort-sur-le-Mein en 1685.

373 — La Bergère (B. 31).
Premier état avant le trait échappé et avant divers travaux dans les broussailles au-dessus des ruines.

374 — Le Berger gardant son troupeau (B. 38).
Première épreuve avant les travaux dans le ciel et avec l'année 1630 qui a été changée en 1664 dans l'état suivant.

RUPERT (le Prince), né en Allemagne dans le xviie siècle.

375 — L'Exécuteur tenant la tête de saint Jean.
Très-rare morceau en manière noire.

RUYSDAEL (Jacques), peintre et graveur à l'eau-forte ; né à Harlem vers 1635, mort dans la même ville en 1681.

376 — Le petit Pont (B. 1).
Première épreuve à l'eau-forte pure, avant le ciel.

377 — Les deux Paysans et leur chien (B. 2).
Première épreuve à l'eau-forte pure, avant le ciel.

378 — Les Voyageurs (B. 4).
Première épreuve à l'eau-forte pure.

379 — Le Champ de blé (B. 5).

Première épreuve à l'eau-forte pure avant le nom du maître.

380 — Le Bouquet de trois chênes (B. 6).

Première épreuve à l'eau-forte pure avant beaucoup de travaux et avant l'adresse; très-rare.

SAFT LEVEN (Herman), peintre et graveur à l'eau-forte ; né à Rotterdam en 1609, mort à Utrecht en 1685.

381 — La Porte des femmes blanches, à Utrecht (B. 29).

Première épreuve à l'eau-forte pure, avant le ciel.

382 — Le chemin dans la Montagne (B. 32).

Pièce originale dont Bartsch n'indique que la copie.

SCHMIDT (Georges-Frédéric), dessinateur et graveur à l'eau-forte et au burin ; né à Berlin en 1712, mort dans la même ville en 1775.

383 — La Fiancée juive, d'après Rembrandt.

Rare épreuve avant la lettre.

384 — Le Père de la fiancée juive, d'après Rembrandt.

Rare épreuve avant la lettre.

385 — Portrait de Quentin de la Tour, d'après lui-même.

Rare épreuve avant la lettre.

386 — Portrait de Mignard, d'après lui-même.

Rare épreuve avant la lettre.

SHONGAEUR (Martin), peintre et graveur au burin ; né à Colmar vers 1415, mort dans la même ville en 1499.

387 — L'Annonciation (B. 3).

388 — Le Portement de croix (B. 21).

389 — Jésus-Christ à la croix (B. 22).

390 — Jésus à la croix (B. 24).

391 — Jésus à la croix (B. 25).

Épreuve probablement unique, avant beaucoup de travaux et avant que le feuillage de l'arbre s'étendant sur le bras de la Vierge, à la gauche de l'estampe, ait été effacé.

392 — Jésus-Christ en jardinier apparaissant à Madeleine (B. 26).

393 — La Vierge assise dans une cour (B. 32).

394 — Saint Jacques le Majeur (B. 53).

395 — La Vierge sur un trône près de Dieu (B. 71).

396 — Dieu couronnant la Vierge (B. 72).

397 — La Crosse (B. 106).

398 — L'Encensoir (B. 107).

399 — Rinceau d'ornements au hibou (B. 108).

400 — Rinceau d'ornements (B. 114).

Siegen (le colonel de), né en Allemagne dans le xviiᵉ siècle, inventeur de la gravure en manière noire.

401 — Portrait de la landgrave Amélie-Élisabeth.
Épreuve de premier état.

Spierre (François), dessinateur et graveur au burin ; né à Nancy en 1643, mort à Marseille en 1681.

402 — La Vierge et l'enfant Jésus, d'après le Corrége.
Rare épreuve avant la lettre.

Star (Dirk ou Thiéry Van), dit le Maître à l'Étoile, dessinateur et graveur à l'eau-forte et au burin ; florissait de 1522 à 1544.

403 — Saint Bernard adorant l'enfant Jésus (B. 8).

Strange (Robert), graveur au burin ; né aux îles Orcades en 1723, mort à Londres en 1795.

404 — Saint Jérôme, d'après le Corrége.
Très-rare épreuve avant la lettre.

405 — Charles Iᵉʳ en pied, près de son cheval, d'après Van Dyck.
Très-rare épreuve avant la lettre, avec toute sa marge.

406 — Henriette de France, reine d'Angleterre, d'après
Van Dyck.

Épreuve avant la lettre, avant toute sa marge.

Sroop (Dirk, Thiéry ou Théodore), peintre et graveur à
l'eau-forte; né en Hollande dans la première moitié
du xvii° siècle.

407 — Le Chasseur.

Pièce non décrite.

Premier état à l'eau-forte pure, avant la bordure, l'âne et
l'arbre à droite.

408 — La même estampe terminée.

Suyderoef (Jonas), dessinateur et graveur au burin; né à
Leyde en 1613, mort vers la fin du xvii° siècle.

409 — Le Coup de couteau.

Première et rare épreuve avant beaucoup de travaux et
avant le trait autour de la composition ; non décrite.

410 — Les Bourguemestres d'Amsterdam.

Rare épreuve avant les noms des artistes.

411 — La Paix de Munster.

Première épreuve avant la taille échappée près du fauteuil
à gauche.

412 — Portrait de David Nuyts.

Rare épreuve avec les legs.

413 — Portrait de la femme de Nuyts.

Rare épreuve avant la lettre.

Swanevelt (Herman Van), peintre et graveur à l'eau-forte ;
né à Vœrden en 1620, mort à Rome en 1690.

414 — Les Pêcheurs (B. 77).

Épreuve avant la lettre.

415 — La Fileuse et les quatre bœufs (B. 78).

Épreuve avant la lettre.

416 — Les deux Cavaliers (B. 79).
Épreuve avant la lettre.

417 — La Cascade (B. 80).
Épreuve avant la lettre.

418 — Le Soir (B. 81).
Épreuve avant la lettre.

419 — Paysage au milieu duquel sont quatre personnages; à gauche, une femme un paquet sur la tête; près d'elle, un homme vu par le dos parle à un muletier vêtu d'une peau de mouton; sur la croupe d'un mulet, un paysan tenant de la main droite un bâton.
L. 15ᶜ· 1ᵐ·, H. 11ᶜ· 3ᵐ·; inconnu à Bartsch; peut-être unique.

TARDIEU (P. Alexandre), graveur au burin; né à Paris en 1756, mort en 1844.

420 — La Communion de saint Jérôme, d'après le Dominiquin.
Rare épreuve avant la lettre sur papier de Chine.

TENIERS (David), peintre et graveur à l'eau-forte; né à Anvers en 1582, mort dans la même ville en 1619.

421 — La Danse champêtre.
Premier état à l'eau-forte.

TOSCHI (Paolo), graveur au burin, né à Parme vers la fin du xviiiᵉ siècle.

422 — Le Portement de croix, d'après Raphaël.
Rare épreuve avant toutes lettres, seulement les noms des artistes.

423 — La Descente de croix, d'après Daniel de Volterre.
Rare épreuve avant toutes lettres.

ULIET (Jean-George Van), peintre et graveur à l'eau-forte et au burin; né à Delft vers 1608; l'année de sa mort n'est pas connue.

424 — Saint Jérôme dans sa cellule (B. 13).
Première épreuve avant l'adresse.

Velde (Adrien Van de), peintre et graveur à l'eau-forte;
né à Amsterdam en 1639, mort dans la même ville
en 1672.

425 — La Chèvre couchée (B. 16).
Extrêmement rare.

426 — La Porte du bourg (B. 18).
Extrêmement rare.

427 — Les Chasseurs (B. 19).
Extrêmement rare.

Vénitien (Augustin), graveur au burin; né vers 1490.

428 — L'Empereur et le Guerrier (B. 196).

Visscher (Corneille), dessinateur et graveur à l'eau-forte et
au burin; né à Harlem en 1610, mort dans la même
ville en 1670.

429 — Les Musiciens ambulants.
Rare épreuve avant l'adresse.

430 — Le Vendeur de mort-aux-rats.
Première épreuve avant les travaux sous l'œil du marchand
et avant les mots et ex. après *Fecit*.

431 — La Faiseuse de kouks, ou la Fricasseuse.
Première épreuve avant l'adresse de Clément de Jonghe.

432 — Le grand Chat.
Rare épreuve avant le nom de Visscher.

433 — Le petit Chat.
Pièce très-rare.

434 — Portrait de Gellius de Bouma.
Première épreuve avec le livre blanc.

435 — Portrait de Guillaume de Ryck.
Première et rare épreuve avant la lettre et avec l'oreille
ombrée.

436 — Portrait de Vondel.
> Première et très-rare épreuve avant la lettre et avec le pe-
> tit faune.

437 — Portrait d'Andreas-Deonyszonn Winius.
> Première et très-rare épreuve avant le chiffre 1009 sur le
> tonneau.

VISSCHER (Jean de), dessinateur et graveur à l'eau-forte et
au burin ; né à Amsterdam en 1636 ; l'année de sa
mort n'est pas connue.

438 — Le Tâtonneur.
> Rare épreuve avant la lettre. Elle a une grande marge

439 — La Dévideuse.
> Épreuve avant la lettre.

440 — Les Joueurs de trictrac.
> Rare épreuve avant la lettre.

VLIEGER (Simon de), peintre et graveur à l'eau-forte ; né à
Amsterdam dans la première moitié du xviie siècle.

441 — L'Auberge (B. 8).
> Première épreuve, presque unique avant quantité de tra-
> vaux ; le fond n'est pas tracé.

442 — Les Pêcheurs (B. 10).
> Première épreuve, presque unique avant beaucoup de tra-
> vaux, notamment sur la selle du cheval attelé à la charette.

VORSTERMAN (Lucas), peintre et graveur à l'eau-forte et au
burin ; né à Anvers en 1578.

443 — La Descente de croix, d'après Rubens.
> Rare épreuve du premier état.

444 — Le Christ descendu de la croix, d'après Van Dyck.
> Première épreuve avant la troisième ligne du bas.

445 — Le Portrait de Charles de Longueval, comte de
Buquoy.
> Très-rare épreuve avant la lettre.

WATERLOO (Antoine), peintre et graveur à l'eau-forte; né à Amsterdam selon les uns, à Utrecht selon les autres, vers 1618; l'année de sa mort n'est pas connue.

446 — L'Auberge (B. 113).
Première épreuve à l'eau-forte pure.

447 — La Ferme au bord de l'eau (B. 116).
Première épreuve à l'eau-forte pure.

448 — Le Cavalier près de la haie (B. 117).
Première épreuve à l'eau-forte pure.

449 — Le Paysage aux palissades (B. 118).
Première épreuve à l'eau-forte pure.

450 — Le Moulin (B. 119).
Première épreuve à l'eau-forte pure.

WIERIX (Jean), dessinateur et graveur au burin; né à Amsterdam en 1550; l'année de sa mort n'est pas connue.

451 — Portrait de Catherine de Bourbon, sœur d'Henri IV.
Première épreuve avec l'adresse de l'aul de la Houue.

452 — Portrait de Henri III.
Première épreuve avec l'adresse de Paul de la Houue.

WIERIX (Jérôme), dessinateur et graveur au burin; né à Amsterdam en 1551; on ignore l'année de sa mort.

453 — Portrait de Henriette de Balzac, maîtresse d'Henri IV.
Première épreuve avec l'adresse de Paul de la Houue.

WILLE (Jean-Georges), dessinateur et graveur à l'eau-forte et au burin; né à Kœnigsberg en 1715, mort à Paris en 1808.

454 — L'Instruction paternelle, d'après Terburg.
Très-rare épreuve avant toutes lettres et les armes, tirée avant que la planche ait été diminuée; peut-être unique.

455 — Le Concert de famille, d'après Schalken.
Très-rare épreuve avant la lettre et les armes.

456 — Les Musiciens ambulants, d'après Diétricy.
> Très-rare épreuve avant toutes lettres et les armes.

457 — Les Offres réciproques, d'après Diétricy.
> Très-rare épreuve avant toutes lettres et avec le petit ro-
> cher gravé à l'eau-forte, à gauche de la gravure.

458 — Portrait du comte de Saint-Florentin, d'après
Tocqué.
> Très-rare épreuve avant la lettre et les armes.

459 — Portrait du maréchal de Saxe, d'après Rigaud.
> Rare épreuve avant la lettre.

Withoeck (Jean).

460 — L'Adoration des Rois, d'après Rubens.
> Rare épreuve avant la lettre.

Woolett (William), graveur à l'eau-forte et au burin ; né à
Maidstone, dans le comté de Kent, en 1735, mort à
Londres en 1785.

461 — Les Joyeux villageois et les Cottagers, d'après Du
Sart. Deux pièces.
> Rares épreuves avant la lettre.

Wouvermans (Philippe), peintre et graveur à l'eau-forte ; né
à Harlem en 1620, mort dans la même ville en 1668.

462 — Le Cheval (B. 1).
> De la dernière rareté.

Zagel (Martin), dessinateur et graveur au burin ; né en
Allemagne dans le xvᵉ siècle ; florissait vers 1500.

463 — L'Embrassement (B. 15).

Zeeman (Reinier), peintre et graveur à l'eau-forte ; né à
Amsterdam en 1612 ; l'année de sa mort n'est pas
connue.

464 — L'Émeute des matelots (B. 2).
> Épreuve avant la lettre.

8

Zoan (Andréa), graveur italien du commencement du xvie siècle.

465 — Le Triomphe de l'ignorance, d'après André Mantegna (B. 16 et 17).

Zwolt, dit le Maître à la Navette, né en Allemagne dans le xve siècle.

466 — Jésus-Christ à la croix, entre les deux larrons (B. 5).

467 — Le même sujet, traité différemment (B. 6).

LIVRES

———

Les livres envoyés à l'exposition de l'Union centrale se font remarquer surtout par la beauté de leurs reliures. Ils peuvent sous ce rapport même offrir des modèles aux artistes qui, de nos jours, ont porté au plus haut degré un art dans lequel la France n'a pas de rivaux.

Plusieurs volumes ont appartenu à des rois de France. On compte deux François Ier, deux Henri II, un Henri III ; ce dernier, vendu en 1589 à l'encan par les ligueurs devant l'hôtel de ville, fut racheté par le célèbre chroniqueur l'Étoile. On remarque deux Henri IV, un Louis XIII, un cardinal de Bourbon (Charles X, roi de la Ligue) et deux volumes aux armes de Louis XIV.

Les dix Grolier qui figurent dans la même salle sont peut-être les plus intacts et les plus purs qui ont été mis sous les yeux du public. Les trois Maïoli sont d'une très-belle conservation. Les de Thou sont aussi très-remarquables. Il faut citer en outre deux Canevarius, un Séguier, un Turgot, quelques *variorum* aux armes de Du Fresnoy.

Les autres livres montrent de très-beaux spécimens de Le Gascon, de Padeloup, de Derome. Parmi les plus précieux de cette catégorie, nous mentionnerons un manuscrit enrichi de miniatures, de la fin du xve siècle, qui a fait partie des collections de Gaignat, La Vallière, Camus de Limare, du comte d'Hoym, de La Bédoyère et Morel de Vindé ; le manuscrit d'Adonis, de La Fontaine, offert au ministre Fouquet, orné de la plus précieuse reliure de Le Gascon, et qui est le plus beau Jarry connu après la Guirlande de Julie ; les Œuvres d'un auteur de sept ans (le duc du Maine), exemplaire unique sur vélin, aux armes de madame de Montespan ; enfin un livre couvert d'une splendide reliure à compartiments du xvie siècle, et qui contient une collection de dessins d'Androuet Du Cerceau.

ROIS DE FRANCE

ET PRINCES FRANÇAIS

~~~~~~~~~

François Ier.

1 — Iamblichus de Mysteriis Ægyptiorum, Chaldæorum, etc. *Venetiis, in œdibus Aldi et Andreœ soceri*, 1516, in-fol., veau fauve à compart. et fleurs de lis, tr. dor.

Exemplaire de François Ier, avec ses armes, la salamandre et son chiffre.
Il provient des collections De Bure et Giraud.

2 — Antonii Mizaldi Phænomena, sive aeriæ ephemerides... *Parisiis, ex officina Reginaldi Calderii*, 1546, in-8. mar. v. à compart., tr. dor.

Très-belle et élégante reliure, aux armes et au chiffre de François Ier, roi de France, à qui l'ouvrage est dédié.
Collection Brunet.

Henri II.

3 — Basilii, Cæsariensis episcopi, Opera quædam ; tractatus Ethicorum regula, de Virginitate contra

Eunomium, Sermones et Epistolæ quædam : omnia dili-
genter recognita nunc primum græce impressa sunt.
Venetiis, per Stephanum de Sabio, 1533, in-fol. mar.
citr. fil. à compart. tr. dor. fermoirs et clous eu argent.

> Première édition. — Superbe reliure, admirablement exécu-
> tée, avec les chiffres et les emblèmes adoptés par le roi
> HENRI II et DIANE DE POITIERS, le triple croissant, les arcs, le
> carquois, etc.

4 — PAULI JOVII Novocomensis, episcopi Nucerini, Historia-
rum sui temporis (ab anno 1494 ad annum 1553) libri
XLV. *Lutetiæ Paris., ex offic. M. Vascosani,* 1553;
2 tom. en un vol. in-fol. gr. pap., réglé, v. f. comp.
d'or et couleurs, tr. dor.

> Exemplaire de HENRI II, avec son portrait dans un médail-
> lon imprimé en relief, et répété cinq fois sur chaque plat.

Henri III.

5 — BIBLIOTHÈQUE DU SIEUR DE LA CROIX DU MAINE, qui est un
catalogue général de toutes sortes d'autheurs qui ont
escrit en françois depuis cinq cents ans et plus, jusques à
ce jourd'huy : avec un discours des vies des plus illustres
et renommez entre les trois mille qui sont compris en
cet œuvre. *Paris, Abel l'Angelier,* 1584, in-fol., gr.
pap., rel. en vélin blanc, semé de fleurs de lis et d'II,
tr. dor.

> Magnifique exemplaire de dédicace à HENRI III. De la biblio-
> thèque SOLEINNE.

Henri IV.

6 — M. TULLII CICERONIS OPERA omnia; præter hactenus vul-
gatam Dion. Lambini editionem, accesserunt D. Gotho-

fredi J. C. notæ... (*S. l.*) *Apud Guill. Lænarium,* 1596, in-4, mar. v. fil. dos et plats semés de dauphins et de fleurs de lis, tr. dor.

Exemplaire de HENRI IV.

Riche reliure, très-bien conservée, aux armes de France et de Navarre, avec le chiffre de HENRI IV aux quatre coins des plats, qui sont, ainsi que le dos, parsemés à l'infini de dauphins alternant avec des fleurs de lis.

7 — LE JARDIN DU ROY très-chrestien Henri IV, roi de France et de Navarre, dédié à la Royne, par Pierre Vallet, brodeur ordinaire du Roy (mis au jour par J. Robin). *Paris,* 1608, in-fol, frontisp. gravé, deux portraits de Vallet et J. Robin, soixante-douze planches, mar. rouge plats et dos fleurdelisés, tr. dor.

Exemplaire de HENRI IV, à ses armes, bien conservé. Collection J. PICHON.

Louis XIII.

8 — LA MILICE DES GRECS et Romains, traduite en françois du grec d'Ælian et de Polybe, par Louis de Machault, sieur de Romaincourt. *Paris*, *Hierosme Drouart,* 1615, in-fol., tit. grav. et nombr. fig. gr. par J. Isac, plats et dos semés de L couronnés et de fleurs de lis, tr. dor.

Exemplaire de dédicace au roi LOUIS XIII. Collection J. PICHON.

Louis XIV.

9 — LE LABYRINTHE DE VERSAILLES (avec l'explication en prose par Ch. Perrault et trente-neuf fables en vers par Benserade). *Paris, imprimerie royale,* 1677, in-8, fig. de Sébastien Le Clerc, mar. r. fil. tr. dor.

Exemplaire aux armes et aux chiffres de LOUIS XIV.

10 — De la Beauté, discours divers... Avec la Paulographie, ou Description des beautez d'une dame tholosaine, nommée la Belle Paule, par Gabriel de Minut. *Lyon, Barth. Honorat*, 1587, in-8, mar. vert, compart. tr. dor.

> Ouvrage des plus rares et des plus singuliers.
> Belle reliure ancienne de la seconde moitié du xviiᵉ siècle. On remarque sur les deux plats un petit soleil entouré de lauriers et surmonté d'une couronne royale fleurdelisée, ce qui semble annoncer que cet exemplaire était celui de Louis XIV. De la collection Renouard.

Charles, duc d'Alençon.

11 — (Le Nouvelin de la Venerie.) En lonneur de la benoiste Trinité Père, Filz et Saint-Esperit, de la glorieuse vierge Marie, etc., intitulé Le Nouvelin de la Venerie et à très hault, très excellent et très illustrissime Prince Monsieur le Duc d'Alenson conte du Perche et per de France par moy Loys de Gouvys très humblement et moy semblablement, etc. In-fol. 58 ff. mar. rouge, doublé de mar. bleu, semé de fleurs de lis, tr. dor. Armes et chiffres de M. J. Pichon (*Bauzonnet-Trautz.*)

> Manuscrit du xviᵉ siècle. Il a été exécuté pour le duc d'Alençon, premier mari de Marguerite d'Angoulême, sœur de François 1ᵉʳ, mort en 1525; au recto, une très-belle miniature représente l'auteur offrant son livre au prince ; 19 autres miniatures et 20 grandes lettres ornées enrichissent ce beau manuscrit. Collections Huzard et J. Pichon.

Charles de Bourbon

CARDINAL

12 — Histoire de Diodore Sicilien, traduite de grec en françois, les (trois) premiers livres par Robert Macault et
les (sept) autres par Jacques Amyot. *Paris, Gilles Beys,*
1585, in-fol. mar. fil. tr. dor. (*Reliure du temps.*)

Exemplaire du cardinal de Bourbon (Charles X, roi de la Ligue), dont les armes se trouvent sur le dos du volume, avec
un lis entouré de cette devise : *Superat candore et odore.*

Il a appartenu à Du Fay et au comte d'Hoym ; ce dernier a
fait apposer ses armes sur les plats. Collection J. Pichon.

AMATEURS CÉLÈBRES

FRANÇAIS ET ÉTRANGERS

J. Grolier.

13 — C. Plinii Secundi Epistolarum libri decem... eiusdem
Panegyricus Traiano imp. dictus, eiusdem de Viris
illustribus in Re militari, et in administranda Rep. *Ve-*
netiis, in œdib. Aldi et Andreœ Asulani soceri, M. D.
VIII, in-8, mar. vert, fil., tr. dor.

Première édition d'Alde, rare et recherchée. Exemplaire de
Grolier. Très-beau et bien conservé. Les capitales sont en or,
et l'Ancre du titre est en couleur.

9

14 — De Viris Illustribus Ordinis Prædicatorum Libri sex in unum congesti, auctore Leandro Alberto Bononiensi. (In fine) *Æneis caracteribus impressi sunt Bononiæ in œdibus Hieronymi Platonis expensis Jo.Baptistæ Lapi, anno Domini* MDXVII, in-fol, fig. sur bois, veau fauve à compartiments.

Exemplaire de Grolier, un des plus beaux spécimens des combinaisons d'entrelacs. Collections Audenet et Yemeniz.

15 — Erasmi Roterodami Adagiorum chiliades quatuor, centuriæque totidem, quibus etiam quinta additur imperfecta. *Venetiis, in œdibus Aldi et Andreæ Soceri,* M. D. XX. In-fol. mar. bl., compart., tr. dor.

Exemplaire de Grolier, d'une conservation parfaite, avec initiales en or et en couleur. Collection Renouard.

16 — Cl. Claudiani Opera, quam diligentissime castigata (a Fr. Asulano). *Venetiis, in œdibus Aldi*, M. D. XXIII, in-8, v. à compart.

Exemplaire de Grolier.

17 — Marci Hieronymi Vidæ Cremonensis, Albæ episcopi, Christiados libri sex. *Cremona, in œdibus divæ Margaritæ, anno* MDXXXV. *Ludov. Britan. impr.*, pet. in-4, mar. n., compart., tr. dor.

Exemplaire de J. Grolier.

Reliure à riches compartiments A l'intérieur, le titre du volume, ceux des six livres de la Christiade, ainsi que toutes les majuscules, sont peints en or. L'exemplaire, parfaitement conservé, a, depuis Grolier, appartenu à J. A. de Thou, qui a inscrit son nom en tête et à la fin, et fait apposer son chiffre en or sur le dos du volume originairement dépourvu d'ornements.

18 — Pauli Jovis de romanis piscibus libellus ad Ludov. Borbonium cardinalem amplissimum. *Basileæ, ex offic.*

Frobeniana, M. D. XXXV, in-8, v. br. à compart., tr. dor.

19 — Freculphi episcopi Lexoviensis Chronicarum tom. II. Quorum prior ab initio mundi usque ad Octaviani Cæsaris tempora, et servatoris nostri Christi nativitatem : posterior de hinc usque ad Francorum et Longobardorum regna, rerum gestarum historiam continet. *Imprimebat (Coloniæ) Melchior Novesianus*. M. D. XXXIX, in-fol., v. f. à compart., tr. dor.

Superbe exemplaire de Grolier.
« Cet exemplaire a appartenu au savant Huet, dont il porte encore les armes, et en dernier lieu, au célèbre bibliophile Richard Heber. Les ornements en sont si élégants que Dibdin, voulant donner, dans son *Bibliographical Decameron*, une espèce de *fac-simile* réduit des reliures de Grolier, a choisi celle-ci comme le modèle le plus parfait qu'il pût présenter à ses lecteurs. C'est, au dire de cet habile connaisseur, « une de ces reliures qui réjouissent l'œil d'un amateur « homme de goût » (*Bibliograph. Decameron*, II, 473.) » (*Note de M. Brunet.*) Collection Brunet.

20 — Discorsi di Nicolo Machiavelli, Fiorent., sopra la prima Deca di Tito Livio, nuovamente corretti, et con somma diligenza ristampati. *Aldus*, 1540, *In Vinegia, nell'anno MDXL, in casa de figliuoli di Aldo*, in-8, v. f. à compart.

Exemplaire de Grolier, de la plus belle conservation, avec les initiales en or. En tête du titre la signature de Ballesdens. Collections Cailhava et Yemeniz.

21 — Le Imagini con tutti i riversi trovati, e le vite de gli Imperatori tratte dalle medaglie e dalle historie de gli Antichi. *Enea Vico Parm. F. l'anno MDXLVIII. In*

Venezia, in-4, mar. rouge à compart. noir et or, tr. dor.

> Exemplaire de Grolier de la plus belle conservation. Grolier a écrit de sa main à la fin du volume *Grolierii et amicorum*. Collections Parison et Yemeniz.

22 — Petri Bembi Cardinalis Historiæ Venetæ libri XII. *Venetiis, Aldi filii, M. D. LI*, in-fol., v. br. à riches compart., tr. dor.

> Exemplaire de Grolier, parfaitement conservé. Collection De Bure.

Maïoli.

23 — Aristotelis Historia Animalium (Th. Gaza interprete). *Basileæ, apud Hervagium, 1534*, in-fol. mar. br. compart., tr. dor.

> Superbe reliure ancienne, bien conservée, portant le nom de son premier possesseur : *Tho. Maioli et amicorum.*

24 — I Sacri Psalmi di David, distinti in cinque libri, tradotti dalla Ebraica verità in lingua toscana, et con nuouo commento dichiarati, per Antonio Brucioli. *Venetia, per Aurelio Pincio, 1534*, in-4, mar. vert à compart. dorés, tr. dor.

> Exemplaire précieux pour la reliure, qui porte le nom et la devise de Thomas Maioli. Il paraît qu'il a également appartenu à Jean Grolier, car on lit sur le titre la devise : *Portio mea, Domine, sit in terra viventium*, ainsi que deux autres lignes écrites de la main de ce célèbre amateur. Un autre bibliophile bien connu, J. Ballesdens, y a inscrit aussi son nom. Voir sur ce volume curieux le *Bibliographical Decameron*, II, 476. Collection Brunet.

25 — Historia delle Cose de Francia, raccolte fedelmente da Paolo Emilio, e recata hora a punto dalla latina in questa nostra lingua volgare. *Venetia, per Michele*

Tramezzino, 1549, in-4, mar. v., riches comp., tr. dor.

Exemplaire de Thomas Maioli, avec son nom et sa devise. Inimici. mei. mea. mihi. non. me. mihi. Collection Brunet.

D. Canevarius.

26 — Valerii Maximi dictorum factorumque memorabilium Exempla. *Lugduni, apud Seb. Gryphium,* 1545, in-8, mar. à compart., tr. dor.

> Exempl. du célèbre médecin et amateur Demetrio Canevari, dit *Canevarius*, premier médecin du pape Urbain VII. Ses reliures, richement décorées, portent sur chacun de leurs plats un médaillon en creux où Apollon est représenté sur son char gravissant le Parnasse.

27 — Ænee Silvii (Pii II) Le Historie costumi e successi della nobilissima provincia delli Boemi. *Vinegia,* 1545, in-8, mar. r., compart., tr. dor.

> Exemplaire de Canevarius.

Jacques-Auguste de Thou.

28 — Grammaire de P. de La Ramée (Ramus). *Paris, André Wechel,* 1572. — Dialogue de l'ortografe e prononciation françoèze departi an deux livres, par J. Peletier du Mans. *Lyon, J. de Tournes,* 1555. — Replique de Guill. des Autels aux furieuses défenses de L. Meigret, avec la suite du Repos de l'auteur. *Lyon, J. de Tournes et Guil. Gazeau,* 1551. — Traité touchant le commun usage de l'escriture françoise, par Loys Meigret. *Paris, Jean Longis et Vincent Sertenas,* 1545, in-8, mar. vert, fil., tr. dor. (*Aux armes de J.-A. de Thou*).

> Pièces rares. Collections Nodier et Aimé Martin.

29 — Iamblichus de mysteriis Ægyptiorum, Nicolao Scutellio interprete. Adjecti de vita et secta Pythagoræ
flosculi, ab eodem Scutellio ex ipso Iamblicho collecti.
Romæ, Bladus, 1556, in-4, vél., tr. dor. (*Aux premières armes de J.-A. de Thou.*)

Collection Nodier.

30 — Du Droict usage de la philosophie morale avec la
doctrine chrétienne, par P. de La Place. *Paris, Frédéric Morel*, 1562, in-8, vél. (*Aux premières armes de
J.-A. de Thou.*)

Collection Nodier.

31 — Poetæ græci principes heroici carminis et alii non-
nulli. 1566, *Excudebat Henricus Stephanus (Genevæ)*,
in-fol. réglé, mar. vert, à riches compart., tr. dor.

Magnifique exemplaire dans sa première reliure, dont les
plats sont entièrement dorés à petits fers. Il provient de la
bibliothèque de Jac.-Aug. de Thou, et il s'est trouvé dans
celle du prince de Soubise, vendue en 1789.
Collections Parison et Brunet.

32 — Les quatre livres de la Vénerie d'Oppian, poëte
grec (trad. en vers français), par Florent Chrestien.
Paris, Robert Estienne, 1575, in-4, vél., tr. dor.

Aux premières armes de J.-A. de Thou. Collection Radziwill.

33 — M. Verrii Flacci quæ extant et Sex. Pompei Festi
de verborum significatione libri XX, Jos. Scaligeri in
eosdem libros castigationes recognitæ et auctæ. *Lutetiæ, apud Mamertum Patissonium, in officina Rob.
Stephani*, 1576, in-8, mar. v. à compart., tr. dor.

Magnifique exemplaire aux premières armes de J.-A. de
Thou.
C'est une de ces admirables reliures à volutes et rinceaux
de feuillages, chefs-d'œuvre de dorure de la fin du xvie siècle,

dont il existait plusieurs *spécimens* dans la célèbre biblioth. de J.-A. DE THOU.

Collections RENOUARD et BRUNET.

34 — ESSAIS de messire Michel, seigneur de MONTAIGNE, chevalier de l'ordre du roy et gentilhomme ordinaire de sa chambre, livres premier et second. *A Bourdeaux, S. Millanges,* 1580, 2 part. en 1 vol. in-8, vél., tr. dor. (*Aux premières armes de J.-A. de Thou*).

Édition originale. Collection NODIER.

35 — LES PREMIÈRES ŒUVRES DE PHILIPPE DES PORTES, dernière édition, reveue et augmentée. *Paris, Mamert-Patisson,* 1600, in-8, mar. v.

Précieux exemplaire de la plus belle édition de ce poëte, aux secondes armes de J.-A. DE THOU.

Collections CH. NODIER et J. PICHON.

Séguier.

36 — PARADOXES, ou traitez philosophiques des pierres et pierreries, contre l'opinion vulgaire, par Estienne de Clave. *Paris, Chevalier,* 1635, in-8, réglé, mar. r., fleurs de lis, tr. dor.

Exemplaire de dédicace au chancelier SEGUIER, alors garde des sceaux, avec ses armes et son chiffre. Les plats sont semés de fleurs de lys.

Collection BRUNET.

Du Fresnoy.

37 — C. SALLUSTII quæ extant, cum selectis variorum observat. ex recensione Ant. Thysii. *Lugduni Batavorum,* 1654, in-8, mar. r., compart., tr. dor.

Exemplaire de DU FRESNOY, amateur du XVIIe siècle, dont les livres sont beaucoup plus connus que la personne. Ses armes (d'or, au sautoir de sable, chargé de cinq billettes d'argent), ornent les couvertures de ses livres. Son chiffre, qui s'y trouve aussi, se compose de toutes les lettres de son nom.

38 — Julii Frontini quæ extant Strategematicon libri IV, cum notis variorum, et observ. P. Scriverii. *Amstelod. Janson à Wæsberge*, 1661, in-8, mar. r., compart., tr. dor.

Exemplaire de Du Fresnoy.

39 — Aur. Theodosii Macrobii opera ; accedunt notæ integræ Isacii Pontani, Joh. Meursii, Jac. Gronovii. *Lugduni Batavorum*, 1670, in-8, mar. r., à compart. tr. dor. (*Aux armes de du Fresnoy.*)

Collection de Bure.

40 — D. M. Ausonii Burdigalensis opera : Jac. Tollius recensuit, notis variorum et suis animadversionibus illustravit. *Amstelod., J. Blaeu,* 1671, in-8, mar. r., à compart. tr. dor.

Aux armes de Du Fresnoy. Collection de Bure.

Madame de Montespan.

41 — Œuvres diverses d'un auteur de sept ans (le duc du Maine, publ. par madame de Maintenon). *Sans lieu ni date* (1678). In-4, mar. r., dent., tr. dor.

On connaît la rareté des exemplaires de ce livre sur papier. Celui-ci, qui est imprimé sur vélin, est probablement unique. Il est relié aux armes des Mortemart, armes de la famille paternelle de madame de Montespan, à laquelle il a évidemment appartenu.

Collection du roi Louis-Philippe.

Marquis de La Vieuville.

42 — La Chronique du tres chrestien et victorieux roy Loys XI° du nom, que Dieu absolve. *Paris, Galliot du Pré,* 1558, pet. in-8, mar. rouge, large dent., tr. dor.

Les plats de ce volume sont ornés d'une riche dentelle, formée de dauphins couronnés alternant avec des petits soleils et des fleurs de lis.

Au centre des plats ce trouve cette inscription :

Livres de la Bibliothéque de M. LE MARQUIS DE LA VIEUVILLE.

43 — MÉMOIRES DE **M. D. L. R.** (de La Rochefoucauld) sur les brigues à la mort de Louis XIII, les guerres de Paris et de Guyenne et la Prison des princes. *Cologne, P. van Dyck (Bruxelles, Foppens),* 1672, in-12, mar. rouge, dent., tr. dor.

Ce volume est relié et orné de la même manière que le précédent.

Comte d'Hoym.

44 — L'HISTOIRE DE THUCYDIDE, de la guerre de Péloponnèse, continuée par Xenophon, de la traduction de N. Perrot, sᵣ d'Ablancourt. *Paris, Augustin Courbé,* 1662, in-fol. réglé, mar. bl., fil., tr. dor. (*Padeloup.*)

Première édition. Exemplaire en grand papier aux armes et chiffre du comte d'HOYM.

Collection PICHON.

Longepierre.

45 — VALERII MAXIMI dictorum factorumque memorabilium libri IX, cum selectis variorum observationibus et nova recens. Ant. Thysii. *Lugduni Batav.,* 1670, in-8, mar. bl., fil., tr. dor.

Exemplaire de LONGEPIERRE, avec les insignes de la toison d'or qu'il faisait mettre sur ses livres par allusion à la tragédie de Médée dont il était auteur.

RELIURES FRANÇAISES

DES XVIᵉ, XVIIᵉ ET XVIIIᵉ SIÈCLES

~~~~~~~~

XVIᵉ SIÈCLE

46 — Hore intemerate Virginis Marie secundum usum Romanum. (A la fin : *Ces présentes heures à l'usage de Romme, furent achevées le premier iour de octobre, l'an mil cinq cens et cinq, par Guillaume Anabat, pour Germain Hardouin.* In-8, fig. color., v. f., compart., tr. dor. (*Reliure du temps.*)

Imprimé sur vélin. Ce livre d'heures est enrichi de bordures en noir, de 12 grandes figures et de beaucoup de petites, toutes peintes avec soin en or et en couleur. Reliure à compartiments et fleurdelisée, sur les plats de laquelle sont représentés l'Annonciation et le Crucifiement. On y remarque aussi ce nom : Rose Lyon.

Vol. très-bien conservé provenant du comte d'Auffay.

47 — Androuet Du Cerceau. Recueil de dessins d'architecture du xvіᵉ siècle. In-fol., v., à compart., tr. dor. et gaufrée. (*Rel. du XVIᵉ siècle.*)

Ce manuscrit porte sur la garde la note suivante, qui est d'une écriture de la fin du xvіᵉ siècle ou du commencement du xvіɪᵉ siècle : « L'auteur de ce livre est Du Cerceau, qui l'a fait de sa main. »

Plusieurs de ces dessins ont été gravés dans les œuvres de Du Cerceau. La plus grande partie est inédite.

Le recueil se compose de 108 dessins lavés à l'encre de Chine et d'une exécution très-soignée, savoir : 1ᵒ un dessin

à la plume, découpé et collé en plein. Il sert de frontispice,
et a dû être ajouté, car par le style il appartient au commencement du xvii⁰ siècle; 2° Ordres de colonnes, 12 ff.; 3° Fe-
nêtres ou lucarnes, 12 ff.; 4° arcs, 12 ff.; 5° cheminées, 6 ff.;
6° puits, 4 ff.; 7° tombeaux, 6 ff.; 8° portiques, 4 ff.; 9° vues
perspectives, 2 ff.; 10° portes de ville et autres, 7 ff.; 11° tem-
ples, 8 ff., dont 2 plans; 12° fontaines, 22 ff., dont 10 plans.

La reliure de ce précieux volume est tout à fait digne de
son contenu. On peut croire que la composition des dessins
qui ornent les plats, qui est des plus riches et en même temps
du goût le plus pur, est de Du Cerceau lui-même. Ce sont
d'ingénieux entrelacs de filets d'or et de peintures des couleurs les plus variées, harmonieusement fondues entre elles
et produisant le plus gracieux effet.

48 — Recueil des guerres et traictez d'entre les roys de
France et d'Angleterre. Par maistre Jehan Du Tillet,
sieur de la Bussière, protonotaire et secrétaire du roy,
greffier de son parlement. *A Paris, chez Jacques du
Puys*, 1538, in-fol. réglé, mar. citr., riches compart.
à petits fers, tr. dor.

Sur les plats, les armes ajoutées de F. Brunet, président
de la chambre des comptes de Paris.
Collection Yemeniz.

40 — Les neuf livres des histoires de Hérodote, plus
un recueil de George Gemist. . . . Le tout traduit de
grec en françois, par Pierre Saliat. *Paris, Estienne
Groulleau*, 1556, in-fol. réglé, mar. vert, compart.,
tr. dor.

Exemplaire avec la signature de Ballesdens sur le titre. Ce
volume est revêtu d'une riche reliure de la fin du xvi⁰ siècle,
entièrement couverte de compartiments dorés à petits fers et
composés d'ornements divers, tous se rattachant entre eux et
formant une seule composition du dessin le plus heureux et
le plus varié.
Exempl. parfaitement conservé. Collection Radziwil.

50 — Panoplia omnium illiberalium, mechanicarum, aut

sedentariarum artium genera continens... carminibus
expressa, cum venustissimis imaginibus omnium arti-
ficum negociationes ad vivum repræsentantibus, per
Hartman Schopperum. *Francofurti ad Mœnum, im-
pensis Sig. Feyrebant,* 1568, in-8, fig., mar. v., riches
compart. à petits fers, tr. dor.

> Première édition de ce livre curieux, que recommandent
> 130 jolies gravures sur bois de Jost Amman
> Cet exemplaire a servi d'*Album* à Jean Dupuis (Joannes Pu-
> teanus), et l'on y trouve inscrits les noms d'un grand nombre
> de savants et d'hommes distingués, parmi lesquels nous cite-
> rons Jos. Scaliger, Jacq. Bongars, Jacq. Lectius, Chabot, Du-
> ranti, Christ. Gorrœus, Jacq. Cujas, etc. Ces signatures sont
> jointes à des sentences ou maximes, soit en vers ou en prose.
> La reliure, qui est du xvıᵉ siècle, est très-belle et bien con-
> servée.
> Collections PARISON et BRUNET.

51 — PSALMORUM DAVIDIS paraphrasis poetica, authore
G. Buchanano ; Davidis Psalmi aliquot a Th. B. (Beza)
versi. (*Genevæ*) *Apud H. Stephanum, S. A.,* in-8,
mar. v., compart., tr. dor.

> Riche reliure dont les plats dorés en plein sont ornés de
> rinceaux de feuillages, de volutes, de marguerites et de co-
> lombes, emblèmes du Saint-Esprit.
> Collection M. J. DE BURE.

XVIIᵉ SIÈCLE

Le Gascon, Du Seuil.

52 — HEURES A L'USAGE DE ROME, tout au long sans rien
requérir, avec les figures de la vie de l'homme, et plusieurs autres belles figures. *Imprimées à Paris par
Gilles Hardouyn* (calendrier de 1516 à 1530), gr. in-8,
goth., fig. et encadr., mar. rouge, riches compart. à pe-

tits fers, tr. dor., fermoirs en vermeil. (*Reliure de le Gascon.*)

Edition imprimée sur VÉLIN, ornée de 19 grandes figures et de plusieurs petites (dans le texte) peintes avec soin en or et en couleur. On remarque sur les plats du livre deux C entrelacés. Ce volume, dont la conservation est parfaite, provient de la duchesse de BERRY, qui a écrit son nom sur un des feuillets de garde, et en dernier lieu, de la vente Desq.

53 — ANN. SENECÆ opuscula moralia, epistolæ, quæstiones naturales et controversiæ. *Parisiis, A. Vitray,* 1637, 3 vol. pet. in-12, réglés, front. gr., mar. r., tr. dor. (*Le Gascon.*)

Superbe reliure d'une admirable exécution.

Dans les riches et élégants compartiments qui couvrent entièrement la reliure, on remarque un ornement qui simule un chiffre très-compliqué.

54 — ADONIS, poëme (par la Fontaine, dédié à monseigneur Fouquet, ministre d'Etat, surintendant des finances et procureur-général au parlement de Paris). (A la fin) : *Nic. Jarry Paris., scribebat,* 1658, pet. in-fol., mar. r., riches compart. formés de filets et d'ornements à petits fers au pointillé, tr. dor. (*Rel. de le Gascon.*)

Ce manuscrit se compose de 26 feuillets encadrés en or. Le titre est en lettres d'or et entouré de deux branches de chêne attachées aux extrémités par des rubans, et au milieu desquels jouent de petits écureuils. Après ce titre, est un dessin de Chauveau, à l'encre de Chine, représentant la mort d'Adonis; puis ensuite, sur un autre feuillet, se trouve un grand chiffre en or et en couleur, formé des lettres L et N doubles et entrelacées, au-dessus desquelles est placée une couronne de comte.

Suit l'épître dédicatoire à Fouquet. A la fin du manuscrit, on remarque, sur un feuillet séparé, un grand chiffre en or et en couleur, surmonté d'une couronne de feuillage et de

ioses. Le chiffre se compose de deux C, de deux D et d'une M
entrelacés.

Ce manuscrit, par son élégance et sa belle exécution, doit
être immédiatement placé parmi les mss. de Jarry, après la
célèbre Guirlande de Julie.

Ce volume a fait partie des collections GALITZIN et LABÉ-
DOYÈRE.

55 — LA LOGIQUE, ou l'Art de penser (par Arnauld et Ni-
cole), seconde édition. *Paris, Savreux,* 1664, in-12,
mar. r., compart. de fil., tr. dor. (*Du Seuil.*)

Collections d'HANGARD et RADZIVILL.

56 — S. AURELII AUGUSTINI CONFESSIONUM libri XIII,
emendatissimi et notis illustrati. *Parisiis, Coignard,*
1687, pet. in-12, régl., mar. citr., dent. int., tr.
dor. (*Du Seuil*).

Collections de LA VALLIÈRE, D'HANGARD et RADZIVILL.

XVIIIᵉ SIÈCLE

Padeloup, Derome.

57 — BREVIARIUM SECUNDUM USUM ROMANÆ curiæ et rituus
fratrum minorum (cum calendario). Pet. in-fol. de
424 feuillets, mar. citron à riches compartiments et
mosaïque de mar. bl. et rouge, couvert d'ornements à
petits fers en or, doublé de mar. bleu, dent., tr. dor.
(*Padeloup*).

Manuscrit du xvᵉ sièclesur vélin très-blanc et très-fin. Il est
écrit en caractères gothiques, à deux colonnes. Les rubriques
sont rouges, et les lettres tourneures (ou capitales gothiques)
sont peintes en or et en couleurs. On y compte 41 miniatures
d'une grande beauté; il y en a 16 de 240 millimètres de hau-

leur sur 135 de largeur, et 25 petites ayant 55 millimètres en carré. Vingt-cinq de ces miniatures, dont 6 grandes, sont exécutées en grisaille.

Ce manuscrit a successivement appartenu au comte d'Hoym, à M. de Selle, à Gaignat, au duc de La Vallière, à Camus de Limare, à Chardin, à Morel de Vindé et à M. de La Bédoyère. Superbe reliure à mosaïque de PADELOUP.

58 — CONSTITUTIONES SOCIETATIS JESU, cum earum declarationibus. *Romæ, in collegio ejusdem societatis*, 1583, pet. in-8, réglé, mar. citr., doublé de tabis et de mar., r., dent., tr. dor.

> Très-rare exemplaire, avec une reliure à mosaïque de mar. bleu, vert et citron, chef-d'œuvre de PADELOUP.
> Collections de BRANCAS-LAURAGUAIS, d'HANGARD et RADZIVILL.

59 — LES AMOURS PASTORALES DE DAPHNIS ET CHLOÉ (traduites du grec de Longus, par Jacq. Amyot). *S. l.*, (*Paris, Coustelier*), 1718, pet. in-8, réglé, fig. grav. par Audran, d'après les peintures du duc d'Orléans, régent, mar. citr., compart., gardes de pap. doré, doublé de mar. vert, dent., tr. dor.

> Admirable reliure, un des chefs-d'œuvre de PADELOUP, ornée de riches compartiments à mosaïque de maroquin bleu, rouge et citron, dorés en plein et à petits fers.
> Collections LA VALLIÈRE et M. J. DE BURE.

60 — C. CORN. TACITUS, ex J. Lipsii editione, cum notis et emend. H. Grotii. *Lugduni Batavorum, ex officina Elzeviriana*, 1640, 2 vol. pet. in-12, mar. vert, dent., plats et dos ornés à mosaïque, tr. dor., gardes de papier doré à fleurs. (*Padeloup.*)

> Très-jolie et riche reliure.

61 — CINQ LIVRES DE L'IMPOSTURE et tromperie des diables : des enchantements et sorcelleries : pris du latin de Jean Wier et faits françois par Jaques Grévin. *Paris,*

Jaques Du Puys, 1567, pet. in-8, mar. r., riches compart., gardes de pap. doré à fleurs, tr. dor.

Riche reliure de Padeloup, à compartiments, avec les armes de Turgot sur le dos et aux coins des plats.
Collections La Bédoyère et Brunet.

62 — L'homme pecheur, par personnages joué en la ville de Tours. *Imprimé à Paris, par Anthoine Verard, libraire, demourant à Paris sur le pont Nostre-Dame, à lymage Saint-Jehan lévangéliste, S. d.* (avant 1500), in-fol. goth., mar. r., dent., tr. dor. (*Padeloup*.)

Première édition de ce mystère. Exemplaire de Girardot de Préfond et Mac-Carthy.
Collection Soleinne.

63 — Petit carême de Massillon, évêque de Clermont. *Paris, veuve Estienne*, 1745, in-12, mar. r., fil., tr. dor.

Reliure de Padeloup, exemplaire Radziwill.

64 — Lettres de saint Jérome, traduites en françois, par Guillaume Roussel. *Paris, Louis Roulland*, 1704-1707, 3 vol. in-8, régl., mar. v., mosaïque de mar. v., compart. à petits fers, gardes de pap. doré, tr. dor.

Reliure de Padeloup parfaitement conservée. Les plats sont encadrés d'une large bande de maroquin rouge sur laquelle se dessinent d'élégants compartiments à petits fers; le dos est également très-orné.
Collections du duc de la Vallière, de d'Hangard et Radziwill.

65 — Le Roman des trois pélérinaiges. Le premier pélérinaige est de lhomme durant quest en vie; le second de lame séparée du corps; le tiers est de nostre seigneur Jésus, en forme de monotesseron : faict et composé par frère Guillaume de Guilleville, en son vivant moine de Chaaliz, de lordre de Citeaux.

. . . .
Ont ensemble à commun profit
Fait imprimer élégamment
Maistre Barthole et Jehan Petit.

(*Paris*, vers 1500), in-4, goth. à 2 col., mar. r., large
dent., tr. dor. (*Padeloup*).

Edition rare, la seule qui renferme les trois pèlerinages.
Collections GUYON DE SARDIÈRE, SOLAR, DOUBLE et CHEDEAU.

66 — GIORDANO BRUNO. SPACCIO DE LA BESTIA TRIONFANTE,
proposto da Giove, effettuato dal conseglo, revelato
da Mercurio, recitato da Sophia, udito da Saulino, re-
gistrato da Nolano. Diviso in tre dialogi, subdivisi in
tre parti. *Stampato in Parigi*, 1584, pet. in-8, mar.
citr., compart., tr. dor.

Volume fort rare. Riche reliure de Padeloup, avec incrustations de maroquin de couleur.

67 — Q. HORATII FLACCI OPERA. *Londini, tabulis œneis in-
cidit Joannes Pine*, 1733-37, 2 tom. en 1 vol. gr. in-8,
fig., mar. citr., à compart. de couleurs, tr. dor. avec
étuis.

Magnifique exemplaire de premier tirage.
Superbe reliure de DEROME, à mosaïque sur le dos et sur les
plats, avec incrustations de maroquin rouge, bleu et vert, représentant des fleurs.
Collection BRUNET.

68 — PARADOXES, ce sont propos contre la commune opinion, debatuz en forme de declamations forenses :
pour exerciter les icunes esprits en causes difficiles
(traduits librement de l'italien d'Ortensio Lando, par
Ch. Estienne). *Paris, par Charles Estienne*, 1554,
pet. in-8, mar. r., dent., tab., tr. dor. (*Derome.*)
Collection BRUNET.

ANTIQUITÉS

~~~~~~~~~~

Dans le but de garnir le milieu de la salle des gravures, nous avons cru devoir exposer une vitrine de vases grecs et terres cuites qui, par leur couleur sombre, ne pouvaient pas nuire à l'effet général. Ces pièces proviennent toutes de ventes célèbres, telles que les ventes Pourtalès, de Janzé, Castellani, prince Napoléon, et offrent des spécimens rares et quelques-uns même uniques. Nous désignerons principalement à l'attention des amateurs : l'Œnochoé de Nola, portant sur la panse une Diane ailée et sa biche, décrite dans l'ouvrage de M. Frœhner, conservateur au Louvre, comme pièce très-rare; le grand Rhyton, en forme de buste de cheval, considéré par M. de Witte comme unique; deux vases de Nicosthènes; quelques beaux spécimens des vases de Nola; la série des Rhytons, celle des Terres cuites, et deux petits vases en bronze d'une très-belle conservation.

CATALOGUE DES ANTIQUITÉS

VASES ITALO-GRECS

A PEINTURES NOIRES

1 — AMPHORISQUE A ANSES PLATES. Danse de dix satyres et de neuf ménades. Dans la partie supérieure, de chaque côté, est figurée une course de deux éphèbes nus, un à pied, et un à cheval, vêtu d'une tunique blanche. On y lit : ΝΙΚΟΣΘΕΝΕΣ ΕΠΟΙΕΣΕΝ (Nicosthènes a fait). Sur le col, un bouquet de palmettes et de fleurs de lotus. Sur les anses, un éphèbe nu.

2 — AMPHORISQUE A ANSES PLATES. Le col du vase est décoré de satyres et ménades dansant. Sur la partie supérieure de la panse, deux yeux et deux figures de ménades, et l'inscription : ΝΙΟΣΘΕΝΕΣ ΕΠΟΙΕΣΕΝ. La partie inférieure, ainsi que les anses, est décorée de palmettes.

3. — HYDRIE. Hercule accompagné de deux Hoplites, d'Iolas et de Télamon, combattant les Amazones. Il est couvert de la peau du lion. Les Amazones, au nombre de trois, sont vêtues de tuniques courtes et armées de

casques, de cnémides, de javelots et de boucliers ar-
giens.

Dans une frise peinte au-dessus du sujet principal,
on voit un éphèbe à cheval, deux à pied, nus, et deux
autres enveloppés de manteaux. Aux deux extrémités
sont des sphinx accroupis.

4 — AMPHORE. Minerve dans un bige ; elle est casquée,
vêtue d'une tunique et d'une chlamyde à écailles. Elle
est guidée par Mercure, coiffé du pétase et vêtu d'un
peplum, et portant le caducée. Hercule, vêtu de la peau
de lion et armé de la massue, l'accompagne avec deux
jeunes hommes, l'un nu, l'autre vêtu d'une tunique à
plis.

Revers : Diane, vêtue d'une tunique et la tête ceinte
d'un diadème, est montée sur un quadrige guidé par
Mercure coiffé du pétase et vêtu d'un peplum. Apollon
jouant de la lyre l'accompagne. Aux pieds des chevaux
une biche et dans les airs un faucon ; dans le fond, des
inscriptions.

5 — AMPHORE. Thésée combattant les Amazones. Le
héros, armé de toutes pièces et accroupi, est entre deux
Amazones à cheval, couvertes d'une cuirasse et coiffées
l'une d'un casque, l'autre d'un bonnet phrygien, toutes
deux armées de lances ; l'une d'elles porte un bouclier
sur lequel est peinte une panthère.

Revers : Bacchus debout et vêtu d'une tunique et
d'un peplum, la tête ceinte de pampres, tient d'une
main un vase et de l'autre un cep de vigne. Devant lui
une ménade vêtue d'une tunique à plis et ayant un serpent pour ceinture, danse ; de chaque côté, deux satyres
dansant.

6 — Œnochoé. Peintures noires sur fond blanc. Thésée
combattant le taureau de Crète. Le héros est nu et tient
par les cornes le taureau.

7 — Cylix. Peintures noires, fond rouge. Extérieur,
deux yeux entre lesquels se tient un guerrier monté
sur un cheval se terminant en queue d'oiseau. A l'intérieur, un masque grotesque.

VASES ITALO-GRECS

A PEINTURES ROUGES DE NOLA

8 — Œnochoé. Artémis ailée et la biche. La déesse est
debout (à droite), vêtue d'un double chiton talaire à
manches courtes, brodé et finement plissé. De la main
gauche avancée, elle tient un arc et une flèche ; un car-
quois est suspendu sur son épaule au moyen d'une banderole rouge. Sa chevelure, bouclée sur le front à la
façon archaïque, est cachée sous un bandeau. Ses bi-
joux, rendus par une teinte pourpre, se composent d'un
collier et d'une paire de bracelets en spirale. De la main
droite, elle caresse une biche. Deux palmettes sont
peintes sur l'anse qui est garnie d'une paire de rouelles.

Ce charmant vase, dont le sujet est d'une grande
rareté, a été publié par M. Frœhner, dans son *Choix
de vases grecs* (Paris, 1867), pl. I, p. 1-6.

9 — Amphore pélique. Scène d'intérieur. Une femme,
vêtue d'un chiton finement plissé et d'un manteau, est
assise sur un siége. Parée de boucles d'oreilles, les

cheveux cachés sous un bandeau qui fait plusieurs fois le tour de la tête, elle tient des deux mains un coffret dont le couvercle est ouvert et vers lequel une autre femme, debout devant elle, tend les bras pour en tirer quelque bijou. Cette dernière ne porte pas de manteau ; ses cheveux sont entourés d'une bandelette. Plus loin on voit une corbeille à ouvrage, remplie de laine blanche.

Revers : Éphèbe drapé (à gauche) tenant un ballon dans la main droite avancée.

10 — Stamnos. Neptune et Amymone. Le dieu est vêtu d'une tunique courte, d'un petit manteau, et est armé d'un trident. La nymphe, coiffée d'une cécryphale et vêtue d'une tunique talaire et d'un peplum, s'enfuit en regardant le dieu. Devant elle court une de ses sœurs vêtue à peu près comme elle.

Revers : Danaüs, vêtu d'une tunique talaire et d'un ample peplum et tenant un sceptre, est placé entre deux de ses filles qui accourent lui annoncer l'enlèvement de leur sœur.

11 — Hydrie. Les trois Grâces à leur toilette. Au centre, un siége à dossier garni d'un coussin. L'une des déesses, vêtue d'une tunique sans manches, retient entre ses dents un pli de son second vêtement, tandis que de ses mains elle soutient ce vêtement dans lequel sont renfermés des laines et autres objets. Sa tête est entourée d'un riche cécryphale. La seconde, à droite, est vêtue d'une tunique talaire et d'un peplum, et vient de retirer un collier de perles d'un coffret. Ses cheveux sont entourés d'une stéphané. La troisième, à gauche, est vue de trois quarts et la tête nue ; elle est

vêtue d'une tunique sans manches. Elle tient un miroir de la main gauche et a la main droite sur la hanche.

12 — Hydrie. Orphée assis sur un rocher au milieu d'une assemblée de satyres, de guerriers et de femmes. Le chantre est couronné de laurier ; le buste et le bas du corps enveloppés d'un peplum. Dans ses mains il tient la lyre et le plectrum. A droite, un guerrier vêtu d'une tunique courte et d'un manteau à dessins, tient deux javelots et étend la main droite ; à sa suite, une jeune fille vêtue d'une double tunique, les cheveux ceints de bandelettes, tient une lance ; derrière le rocher, un satyre nu, couronné de lierre ; derrière lui, une jeune fille, vêtue d'une tunique courte et armée d'un instrument, accourt.

13 — Oxybaphon. Bacchus, barbu et la tête ceinte, vêtu d'une double tunique, tient d'une main un thyrse et de l'autre présente le canthare à un satyre nu qui verse le vin d'une outre. A droite, un second satyre offre un fruit à une jeune fille vêtue d'une double tunique et tenant un rameau d'olivier.

Revers : Trois éphèbes drapés.

14 — Oxybaphon. Deux jeunes éphèbes nus s'exercent à la lutte ; derrière eux le maître du gymnase, debout, vêtu d'un ample manteau, les regarde en tenant une baguette.

Revers : Trois éphèbes debout et drapés.

15 — Amphore. Un personnage appuyé sur un bâton parle à un jeune homme debout et drapé.

Revers : Une jeune fille vêtue d'une tunique talaire s'enfuit.

16 — Amphore. Scènes de gymnase ; de jeunes éphèbes s'exercent à différents jeux ; l'un d'eux lance le disque.
Revers : Éphèbe tenant un strygille.

VASES ITALO-GRECS

A PEINTURES ROUGES D'APULIE.

17 — Kélébé. Hercule, couvert de la peau du lion, tient une lyre ; devant lui, Mercure, vêtu d'une tunique collante et coiffé du pétase, se retourne. A droite, un satyre joue de la double flûte. A gauche, un autre satyre, vêtu d'une chlamyde, porte un canthare.
Revers : Un guerrier, portant un bouclier sur lequel est peint un cheval, combat deux jeunes gens vêtus d'une chlamyde et portant l'un une massue, l'autre un javelot.

18 — Cratère de forme élevée, décoré de deux anses à sa base. Trois jeunes hommes vêtus du costume troyen, dont un monté sur un griffon, poursuivent une jeune femme.
Revers : Trois éphèbes drapés.

19 — Amphore pélique. Les Grâces à leur toilette ; elles sont nues et debout, tenant des instruments de toilette et placées autour d'une fontaine sur laquelle l'Amour tenant un vase sur sa tête verse de l'eau ; à gauche, une suivante.
Revers : Vénus assise, tenant un vase ; derrière elle l'Amour, et devant un jeune éphèbe tenant un tympanum.

20 — Cylix. Peintures rouges, fond noir. A l'extérieur, éphèbes se livrant à des jeux; à l'intérieur, jeune homme debout.

21 — Cylix. Peintures rouges sur fond noir. A l'extérieur, figures drapées; à l'intérieur, un éphèbe debout et drapé.

22 — Œnochoé de Gnatia. Col allongé et ouverture en trèfle étroite. Sur la panse, Pégase peint en blanc sur fond noir; ornements et palmettes. A la naissance de l'anse, un mascaron en relief.

23 — Autre semblable à la précédente.

VASES DE FORMES SINGULIÈRES

ET RHYTONS

24 — Rhyton en forme de buste de cheval. Sur le col sont peintes des palmettes, et au revers une Victoire ailée revêtue d'une tunique talaire. Le rhyton est noir avec ornements et peintures rouges rehaussés de blanc, de jaune et de rouge violacé. Les narines du cheval sont peintes en rouge foncé. Fabrique de Nola.

25 — Rhyton. Tête de mulet. Sur le col, un vieillard nu à cheveux blancs, n'ayant qu'une chlamide sur les épaules et armé d'un bâton, danse devant un éphèbe portant une amphore et un céras. Dans le champ on lit l'inscription HO ΓΑΙΣ ΚΑΛΟΣ, répétée sur le bord intérieur du rhyton. Fabrique de Nola.

26 — Rhyton à deux anses, à col évasé, en forme de prouc

de galère. A droite et à gauche, un dauphin ; sur le col, deux têtes.

27 — RHYTON à une anse, col évasé. Un Éthiopien combattant un crocodile. Le groupe en terre cuite, le col seul du vase en terre vernic noire.

28 — RHYTON formé par une corne cannelée terminée par une tête de bélier. Sur le col, une figure ailée portant un coffre de toilette.

29 — RHYTON formé par une corne cannelée et terminée par une tête de bélier. Fabrique de Nola.

30 — TÊTE DE GÉNISSE. Sur le col, quatre femmes, dont une ailée. Fabrique de Nola.

31 — TÊTE DE BÉLIER. Sur le col, une figure ailée tenant un coffret.

32 — TÊTE DE BÉLIER, le front peint en rouge. Sur le col, une couronne de lierre. Fabrique de Nola.

33 — TÊTE DE BŒUF. Sur le col, une femme assise tenant un coffre de toilette.

34 — TÊTE DE BŒUF. Sur le col, une femme tenant un éventail.

35 — TÊTE DE VEAU. Sur le col, une tête d'homme en relief.

36 — TÊTE DE SANGLIER. Sur le col, un jeune éphèbe couronné auprès d'un cippe.

37 — TÊTE DE RENARD. Sur le col, une femme assise.

38 — TÊTE DE CHIEN. Sur le col, un génie ailé et assis tenant une corbeille.

39 — TÊTE DE LÉVRIER. Sur le col, une figure d'oiseau et palmes.

40 — Tête de cerf. Sur le col, une figure nue portant un vase et un strygille.

41 — Tête de biche. Sur le col, génie ailé volant, tenant une couronne.

42 — Tête de griffon. Sur le col, une femme assise tenant un coffret de toilette.

43 — Tête de tigre. Sur le col, une fleur, peinture blanche.

44 — Tête de chamois. Sur le col, une figure de femme tenant un miroir et une corbeille.

45 — Tête de femme avec traces de peinture, style grec, ouverture en forme de trèfle.

46 — Buste de femme voilée. Traces de peinture.

47 — Partie antérieure d'un cheval. Terre cuite. Sur le col, une tête d'homme.

48 — Guttus. Sur la panse, tête de femme entourée de palmettes, une panthère. Sur le sommet, tête de nègre en relief.

49 — Génie ailé sur une base et soutenant une lampe.

50 — Guttus formé par un dauphin sur les flots de la mer.

51 — Guttus. Jeune homme nu appuyé sur une biche.

52 — Guttus formé par une patte de crabe.

53 — Guttus formé par une coquille.

54 — Guttus en forme de barque, figure de guerrier en bas-relief.

55 — Vase a double tête. Bacchus indien et Ariane. Col noir.

56 — Candélabre a pied circulaire orné de palmettes et supporté par trois griffes. La tige est formée par deux figures de génies ailés et accolés supportant une coupe.

STATUETTES EN TERRES CUITES

57 — Vénus nue, debout, les jambes croisées; une draperie partant de l'épaule gauche recouvre la jambe droite; elle a le bras droit étendu en avant.

58 — Eros, les jambes croisées, appuyé contre un cippe.

59 — Hébé debout, drapée, tenant un œnochoé dans la main droite et une coupe dans la main gauche.

60 — Femme debout, drapée, le bras droit derrière le dos, le gauche soutenant son peplum sur la hanche.

61 — Femme debout, les cheveux ondulés, enveloppée dans un long vêtement, le bras gauche derrière le dos.

62 — Proserpine debout, nue par devant, le peplum rejeté sur le dos, tenant une grenade dans la main droite.

DIVERS

63 — Petit Vase en bronze à large ouverture, avec panse cannelée; la gorge est décorée de figures d'enfants, de masques et d'animaux.

64 — Autre Vase analogue, décoré d'oiseaux et de palmes.

65 — Vase en bronze en forme de tête de femme avec coiffure relevée, portant des boucles d'oreilles.

66 — Lampe en bronze formée par une tête de taureau.

67 — Fragment de fresque. Buste de femme.

OBJETS ORIENTAUX

La série des objets orientaux renferme principalement des pièces de la Chine et du Japon. Nous avons surtout cherché à n'admettre que des objets d'une ancienneté incontestable. Plusieurs même sont ornés de montures anciennes.

Nous citerons principalement la Fontaine famille verte, les deux Gourdes, la garniture rose à jours, la série d'Assiettes fines parmi lesquelles, l'assiette à la Fauvette et celle à Sujet familier avec bordure d'or.

Dans les laques, nous mentionnerons le Cabinet en forme de temple.

Dans les jades et matières dures, le vase en forme de grenade, en agate orientale à deux couches et la Coupe en jade vert , quelques émaux cloisonnés d'ancienne fabrication.

Enfin, pour terminer, une plaque persane à relief et la croix de Théodoros, monument unique en France, qui nous a été généreusement offert par M. le général marquis de Vassoigne, et qui est le seul produit de l'art abyssin dans l'exposition de l'Union centrale.

———

CATALOGUE DES OBJETS ORIENTAUX

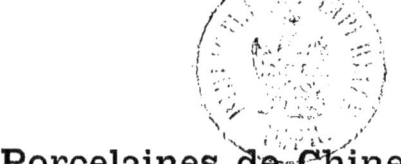

Porcelaines de Chine.

1 — Garniture de trois pièces, composée de : un vase ovoïde à deux petites anses formées de têtes chimériques, col évasé ; deux coupes sphériques à couvercles élevées sur piédouche ; en craquelé gris ; le tout monté en bronze doré Louis XV.

2 — Vase cylindrique à couvercle fond vert, chargé de fleurs ornementales, à réserves losangées, occupées alternativement par des Ki-lin, des paysages et des fleurs ; formant fontaine ; monture à trois pieds en bronze doré Louis XIV.

3 — Deux vases cylindriques à col évasé, décorés de bandes à fond vert ornées de fleurs et de palmes alternant avec des bandes à fond rouge portant des dragons.

4 — Deux vases ovoïdes à médaillons de personnages sur fond blanc, fleurs en relief.

5 — Aiguière en forme de casque avec cuvette en forme de coquille, fond partiel noir, chargé de fleurs avec réserves également décorées de fleurs, et à sujet princi-

13

pal composé de coqs sur des rochers entourés de fleurs,
de pivoines, pêches, etc.

Famille rose.

6 — Deux seaux coniques en bleu fouetté, décoré de
fleurs en or, vieille monture Louis XIV en bronze
doré.

7 — Deux gourdes plates, circulaires, à piédouches ; enfants jouant devant l'Empereur et l'Impératrice ; les
anses formées par des mufles de lions.

Famille verte. Très-ancienne.

8 — Garniture de cinq pièces formée de trois potiches à
couvercles et pieds en porcelaine et deux vases sans
couvercles, le tout en forme hexagonale en réticulé
rouge, chargé de médaillons en forme de vases, décorés
de personnages et portant des fleurs.

9 — Vase à panse ovoïde et col cylindrique, flanqué de
deux tubulures, en flambé rouge, jaspé de violet.

10 — Grand plat décoré d'une suite de médaillons rayonnant autour d'un médaillon central et occupé par des
sujets à personnages.

Famille verte.

11 — Grand plat ; au fond un grand médaillon orné d'un
sujet à personnages, sur le marly décor couvert de
paysages, avec chevaux et personnages.

Famille verte.

12 — Deux plats, famille verte ; au centre médaillon occupé
par des femmes jouant de la musique.

13 — Compotier, coquille d'œuf à bordure mosaïque, encre
de Chine et or ; au centre une femme et des enfants

dans un entourage de vase et fleurs ornementales sur or à deux tons.

Vente de Monville.

14 — Compotier en coquille d'œuf, branches fleuries sur lesquelles est une fauvette guettant un scarabée. — Il porte la marque gravée en creux sous l'émail de Houng-Tchi. — 1488-1505.

Revers rouge.
Vente de Monville.

15 — Grande assiette coquille d'œuf; sur le marly quatre bouquets de fleurs; au centre une femme entourée de ses enfants.

16 — Assiette, dite aux sept bordures; sujet femme et enfants.

Revers rouge.

17 — Assiette coquille d'œuf, à bordure à réseaux sur fond rose; au centre une femme et deux enfants.

18 — Autre même décor, mais de couleurs variées.

19 — Assiette coquille d'œuf, à bordure, à médaillons à fleurs. Sujets familiers.

20 — Autre assiette à même bordure.

Sujet différent.

21 — Deux compotiers à bordure percée à jour; décor de fleurs et oiseaux.

22 — Assiette en porcelaine, dite jaune impérial, à fond vermiculé et gravé, chargée d'une branche fleurie émaillée.

23 — Compotier en porcelaine de Yego, fond rouge et or; chargé de fleurs ornementales, à trois médaillons superposés décorés de personnages.

24 — Six assiettes; au centre une double armoirie surmontée d'un casque à lambrequins et portant un oiseau pour cimier; bordure mosaïque à réserves de fleurs ; sur le marly reproduction du cimier, paysage et bouquets.

25 — Six assiettes décorées d'un sujet tiré d'une pièce chinoise, appelée le Pavillon d'Occident.

26 — Deux grands bols avec leurs plateaux en porcelaine jaune, dite porcelaine impériale, fond vermiculé gravé, chargé de fleurs émaillées.
Vente Montebello.

27 — Bol de forme évasée, décoré de dragons, de fonghoangs et de fleurs ornementales.
Famille verte.

28 — Bol hémisphérique craquelé rose, décoré en couleur de rinceaux et inscriptions.

29 — Bol campanulé, fond filigrané d'or à deux réserves, occupées par des paysages en camaïeu rose, et deux autres contenant un chiffre enlacé surmonté d'une couronne avec la devise : *soli Deo gloria*.

30 — Deux coupes campanulées, porcelaine blanche à fond réticulé à jour, chargé de cinq médaillons ornés de personnages en reliefs peints à froid.

31 — Grande tasse formée par une fleur de nélumbo, avec soucoupe formée par une feuille et décoré intérieurement de personnages.

32 — Tasse jaune du palais impérial avec soucoupe ornée de dragons et bordures à rinceaux émaillés vert.

33 — Deux tasses cul-de-poule à anses, avec soucoupes

fond bleu à fleurs d'or; médaillons à personnages en encre de Chine.

34 — Petite tasse très-fine et soucoupe à décor de fleurs émaillées ; au centre un faisan doré.

35 — Petite tasse très-fine, avec soucoupe fond de fleurs ornementales à trois réserves occupées par des fleurs et des fruits.

36 — Petite tasse très-fine et soucoupe fond mosaïque en encre de Chine, chargé de fleurs d'or avec réserves occupées par des fleurs et un faisan argenté.

37 — Tasse sans soucoupe, porcelaine à mandarins, fond d'or filigrané, et grand médaillon à personnages.

38 — Trois tasses, un sucrier et une théière, porcelaine réticulée à double fond, à réseaux dorés et médaillons décorés de fleurs et de paysages avec animaux.

39 — Gobelet conique décoré de fleurs et d'oiseaux.
Famille verte.

40 — Ecuelle à couvercle, avec plateau en bleu trempé, décoré de fleurs d'or.

41 — Panier à anse surélevée, orné de quatre médaillons de fleurs sur fond à jour ; bordures de rinceaux et de fleurs sur fond vert et violet.
Famille verte.

42 — Plateau bleu turquoise, en forme de feuille avec un dragon en relief.

43 — Grande théière hexagone de forme élevée, décorée de médaillons rectangulaires ornés de branches fleuries sur fond à jour.
Boccaro rouge.

44 — Petit écran en grès de Satzouma à décor d'oiseaux
et de fleurs.

Porcelaines du Japon.

45 — Deux grandes jattes campanulées, décor chrysan-
thèmo-pœonien.

46 — Deux vases cylindriques à deux anses contournées et
dorées, à couvercles bombés surmontés chacun d'un
écureuil mangeant des raisins; décor chrysanthèmo-
pœonien surchargé de bandes bleues à rinceaux d'or e
fleurs de chrysanthèmes.

47 — Deux petits seaux à fleurs, décorés de branches de
chrysanthèmes à fleurs en relief, feuillage bleu; monture bronze doré Louis XIV.

48 — Ecuelle avec assiette et couvercle à fond bleu imitan
le craquelé, orné de médaillons en rouge et or, décorés
de femmes japonaises alternant avec des bouquets de
fleurs; monture en argent, époque de Louis XIV.

49 — Fontaine à base formée par une tortue, décor chry-
santhèmo-pœonien.

Jades et Matières dures.

50 — Coupe à couvercle sculpté à jour en jade blanc, montée sur socle en jade vert, le tout porté sur un support
en bois sculpté avec parties d'ivoire teint en vert.

51 — Coupe hémisphérique à piédouche et deux anses, formées par des têtes de dragon portant des anneaux mobiles; couvercle bombé à jours, surmonté d'un bouton.

> Jade vert.

52 — Coupe tribolée à couvercle sculpté à jour et trois anses formées par des roses en relief.

> Jade vert.

53 — Coupe formée par une fleur de pivoine, avec son feuillage. Jade gris.

> Socle en bois sculpté.

54 — Coupe à deux compartiments composée d'un groupe de pêches de longévité avec feuillage sculpté en relief.

> Jade gris. Socle en bois de fer.

55 — Petite coupe en jade gris entourée de feuillages et de branches sculptées en relief.

56 — Autre coupe analogue à la précédente.

57 — Coupe en agate à deux couches en forme de grenade entourée de fleurs, branchages et chauves-souris.

Émaux cloisonnés.

58 — Deux jardinières hexagones lobées en émail cloisonné, à six pieds, fond bleu turquoise, décor de fleurs ornementales. Chine.

59 — Grande bouteille à panse sphérique, à col évasé avec renflement en dessous de l'ouverture, flanquée de deux anses en bronze doré formées de dragons. Email cloisonné à fond mosaïque chargé de médaillons ornés de fonghoangs. Chine.

60 — Petite bouteille pyriforme portant au col deux anses en bronze doré, formées de têtes chimériques. Email cloisonné, fond bleu turquoise à fleurs ornementales. Chine.

61 — Mortier à trois pieds formés par des personnages age-nouillés et à deux anses latérales en bronze doré. Email cloisonné, fond bleu à décor de fleurs. Chine.

62 — Deux petites potiches ovoïdes à couvercles doubles capsulaires. Email cloisonné du Japon.

Laques du Japon.

63 — Grand cabinet en forme de temple soutenu par des colonnes, à décors de figures, rinceaux et oiseaux or sur fond noir. Au centre, une arcade flanquée de deux petites colonnes.

64 — Cabinet en laque du Japon à deux ventaux et tiroirs, paysages or sur fond noir.

65 — Petite cantine en laque noir à décor de paysages et figures.

66 — Grande boîte à pans, à fond mosaïque avec médaillons à fleurs sur fond noir.

67 — Boîte quadrangulaire formée de trois compartiments superposés, décor mosaïque sur fond aventurine.

68 — Boîte contournée formée par la réunion d'une bourse avec ses cordons, d'une gourde et d'une boîte cubique. Laque aventurine à médaillons fond noir, décorés de paysages or.

69 — Boîte en forme de pomme, laque aventurine avec branches en or. Support en bronze sous forme de branchages.

70 — Autre boîte analogue en forme de poire.

71 — Boîte plate rectangulaire contenant quatre petites boîtes en laque d'or, décorées sur le couvercle de fleurs et d'oiseaux.

72 — Boîte ronde, décor de paysages or sur fond noir.

73 — Boîte plate dite encrier, décorée d'un paysage en or sur fond noir.

74 — Boîte cylindrique plate, contenant dans l'intérieur sept petites boîtes rondes. Laque noir, veiné d'or. Sur le couvercle trois chiens de Fo autour d'un anneau.

75 — Boîte laque d'or, formée de deux compartiments superposés, décors de paysages. A l'intérieur, quatre boîtes ivoire, décorées de feuillages, d'insectes et d'oiseaux.

76 — Boîte à deux lobes, laque nuagé d'or, décorée de branches fleuries et d'oiseaux en or. Sur socle à quatre pieds élevés en console.

77 — Boîte quadrangulaire, fleurs et feuillages or sur fond aventurine avec support à quatre pieds en laque.

78 — Boîte formée de la réunion de deux boîtes rectangulaires rentrant l'une dans l'autre, décors de paysages en or sur fond aventurine.

79 — Boîte oblongue sur pieds élevés, formée par des fruits et feuilles en relief.
Laque noir semé d'or.

80 — Boîte quadrangulaire plate, décorée de tableaux carrés

renfermant des figures et des paysages or et noir sur fond aventurine.

81 — Boîte en ivoire, sur le couvercle un arbre laqué d'or, sur lequel sont perchés des oiseaux en nacre de couleur, au pourtour des armoiries.

82 — Deux petites boîtes en laque de Pékin, de forme sphérique à médaillons de paysages. Couvercles en émail cloisonné.

83 — Petite boîte forme de gourde en laque de Pékin, décorée de feuillages.

84 — Cabinet forme de pagode en laque noir et or à galeries ajourées, décoré de paysages et bordures mosaïque avec socle à quatre pieds également en laque. Chine.

Objets divers.

85 — Petit paravent en ivoire sculpté, composé de 8 feuilles décorées de personnages et sujets familiers avec paysages, le tout rehaussé de couleurs.

86 — Sceptre de mandarin en bambou sculpté, décoré de feuillages et figures.

87 — Coupe à trois pieds en bronze, à deux petites anses surélevées.

Socle bois de fer.

88 — Boîte ronde à couvercle conique en bronze de Tonkin recouverte d'une double boîte repercée à jours.

89 — Boîte analogue à la précédente.

90 — Plaque de revêtement représentant la figure équestre du Shah Abbas tenant sur son poing un faucon en relief sur fond bleu.

Faïence de Perse.

91 — Plat à décor de feuillages à imbrication.

Faïence de Perse.

92 — Bouteille piriforme à couverte brune, avec quatre médaillons en forme de palmes et deux bandes réservées et décorées de fleurs ornementales. Médaillons de même forme et bordure de rinceaux émaillés en couleurs sur le fond blanc.

Porcelaine de Perse.

93 — Deux bols en porcelaine émaillée de couleurs, à rinceaux et réserves renfermant des figures de Bouddha, l'intérieur vert avec bordures alternées vertes et noires. Inde.

94 — Boîte quadrilobée en filigrane d'or de la plus grande finesse. Chine.

95 — Grande croix en argent gravé; les quatre bras en forme de lys sont de même grandeur, la tige est reliée aux bras par deux branches partant du nœud et allant à la croix. Elle est entièrement couverte de gravures représentant les sujets de l'Histoire du Christ et de la Passion. Travail d'Abyssinie. Elle fut prise au siége de Magdala et appartenait au roi Théodoros.

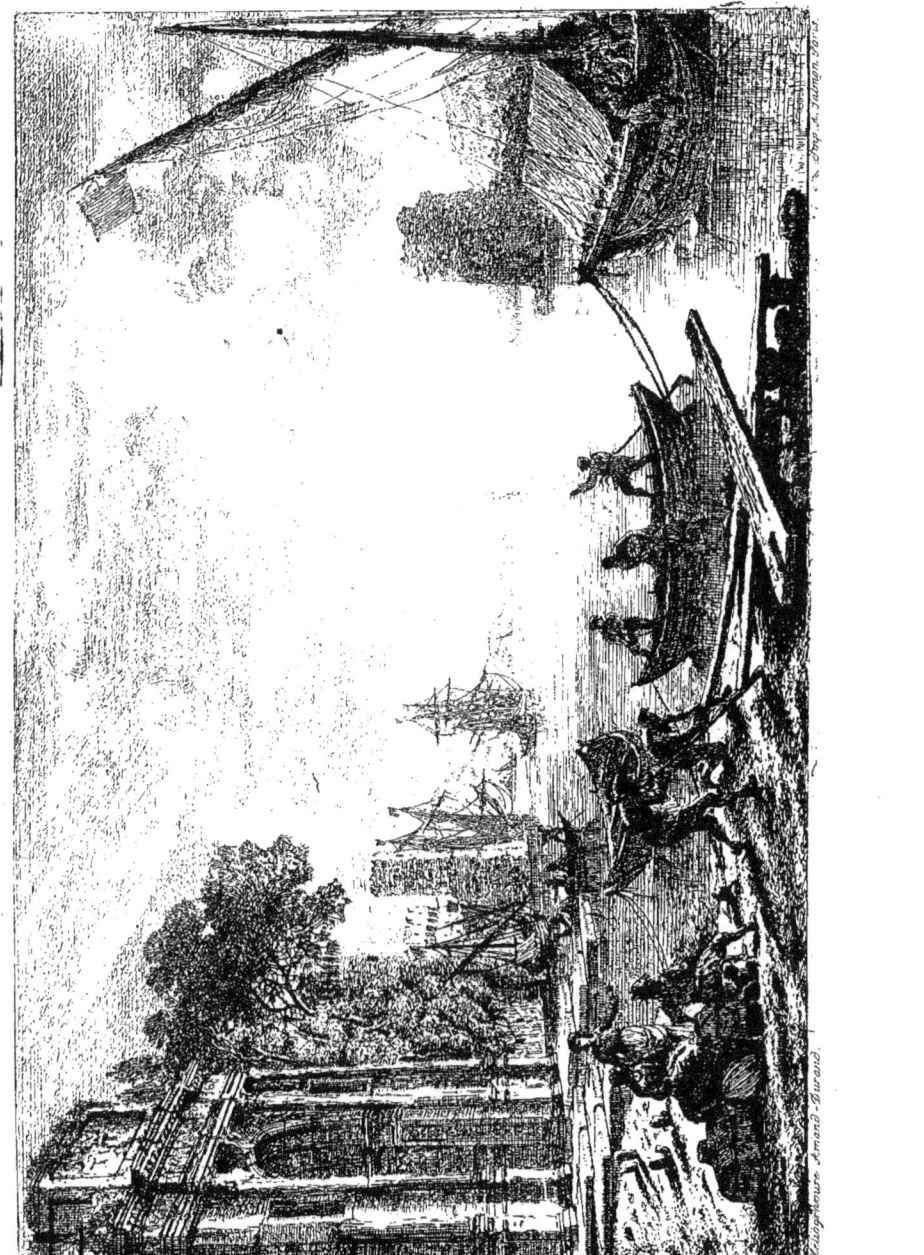

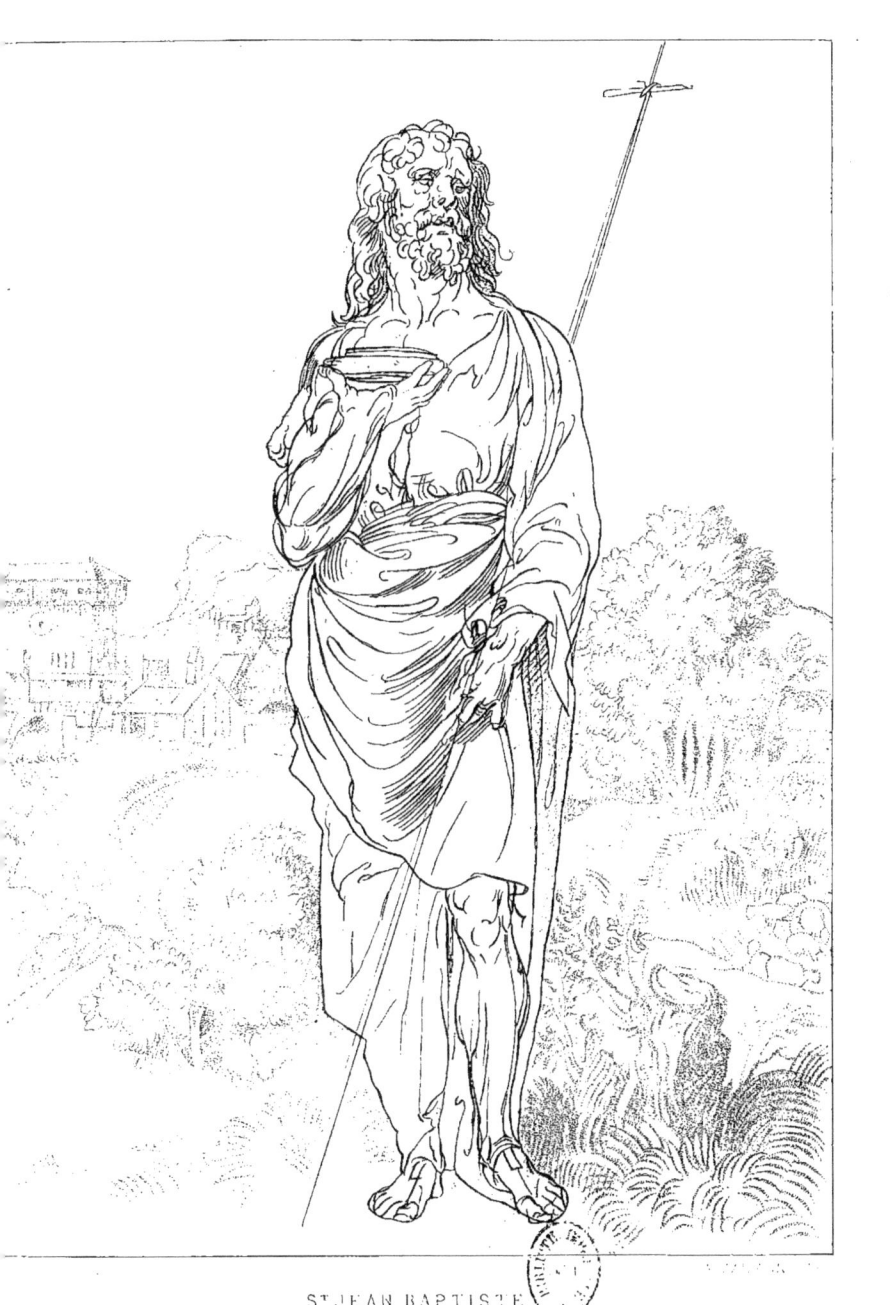

St JEAN BAPTISTE

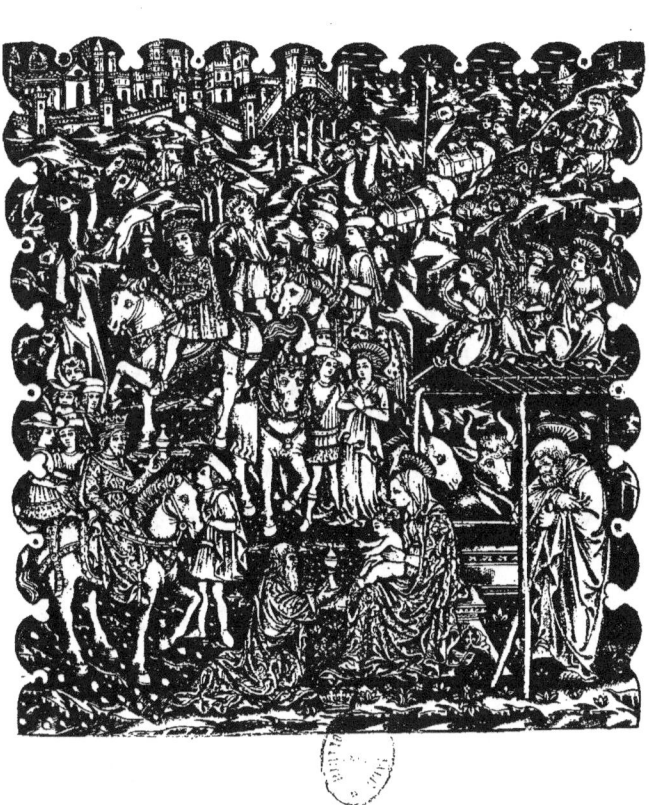

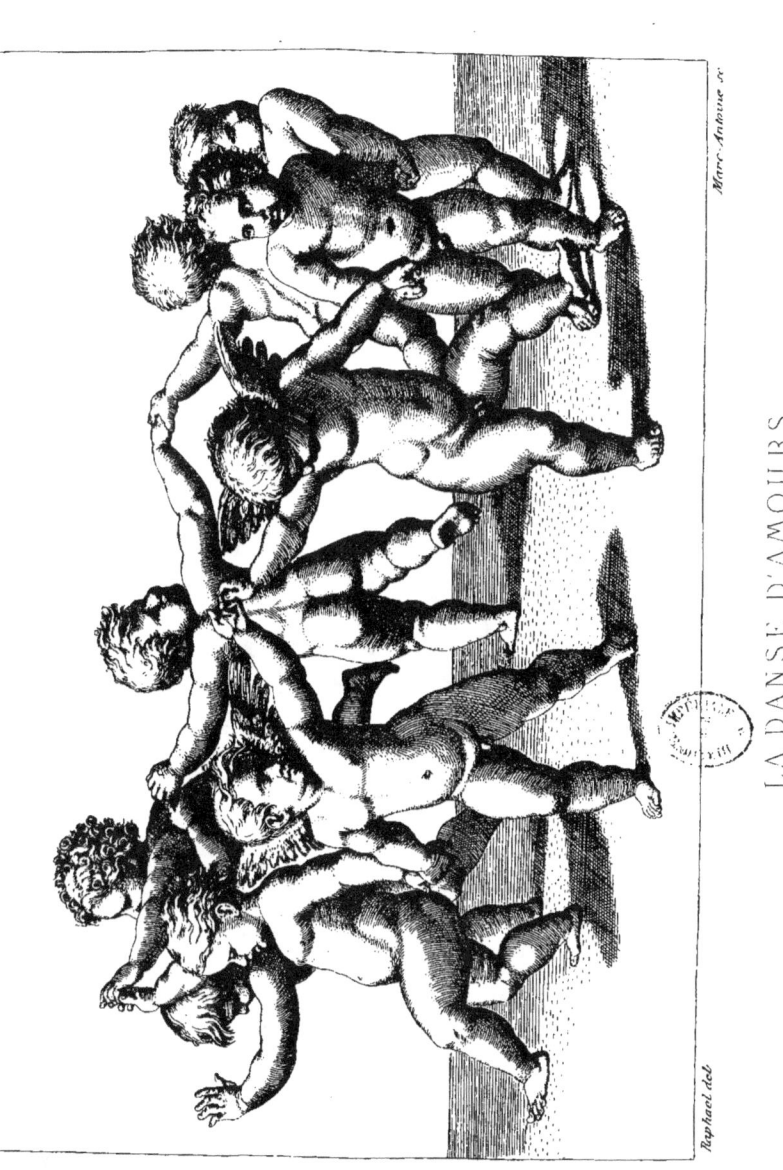

Raphael del

LA DANSE D'AMOURS

Marc-Antoine sc.

Héliog.ᵉ de L FAUDIS r d'Assas 25. Paris

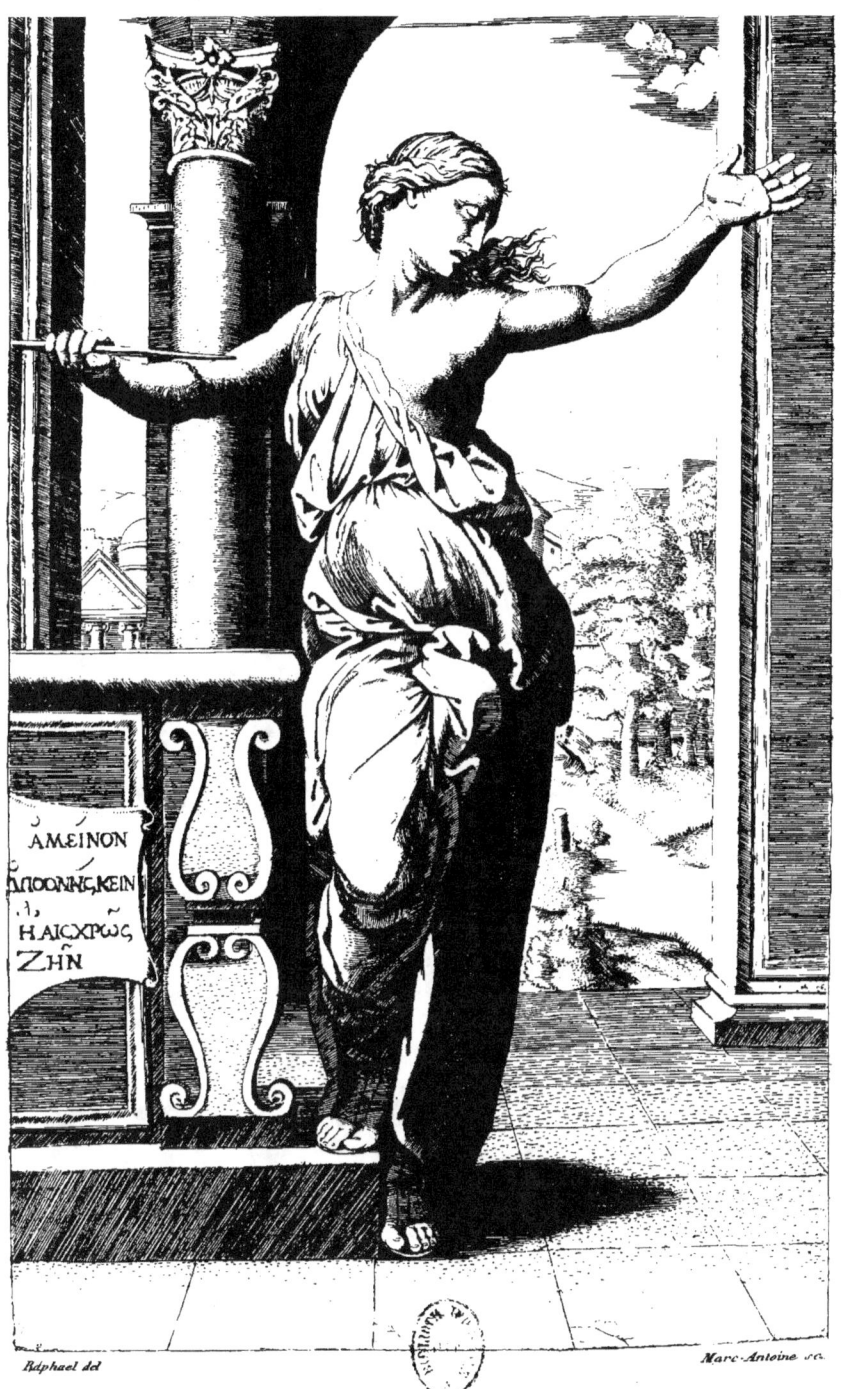

AMEINON
ΑΠΟΘΝΗCΚΕΙΝ
Ἠ, ΑΙCΧΡῶς
ΖΗΝ

Rdphael del   Marc-Antoine sc.

LUCRECE

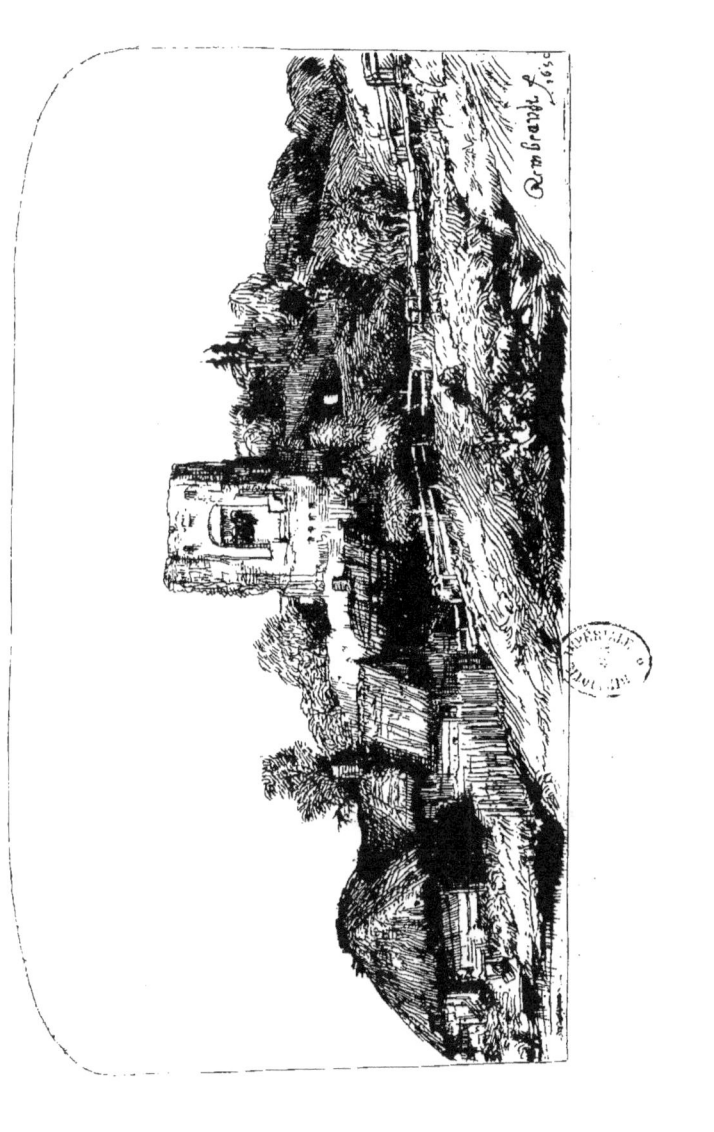

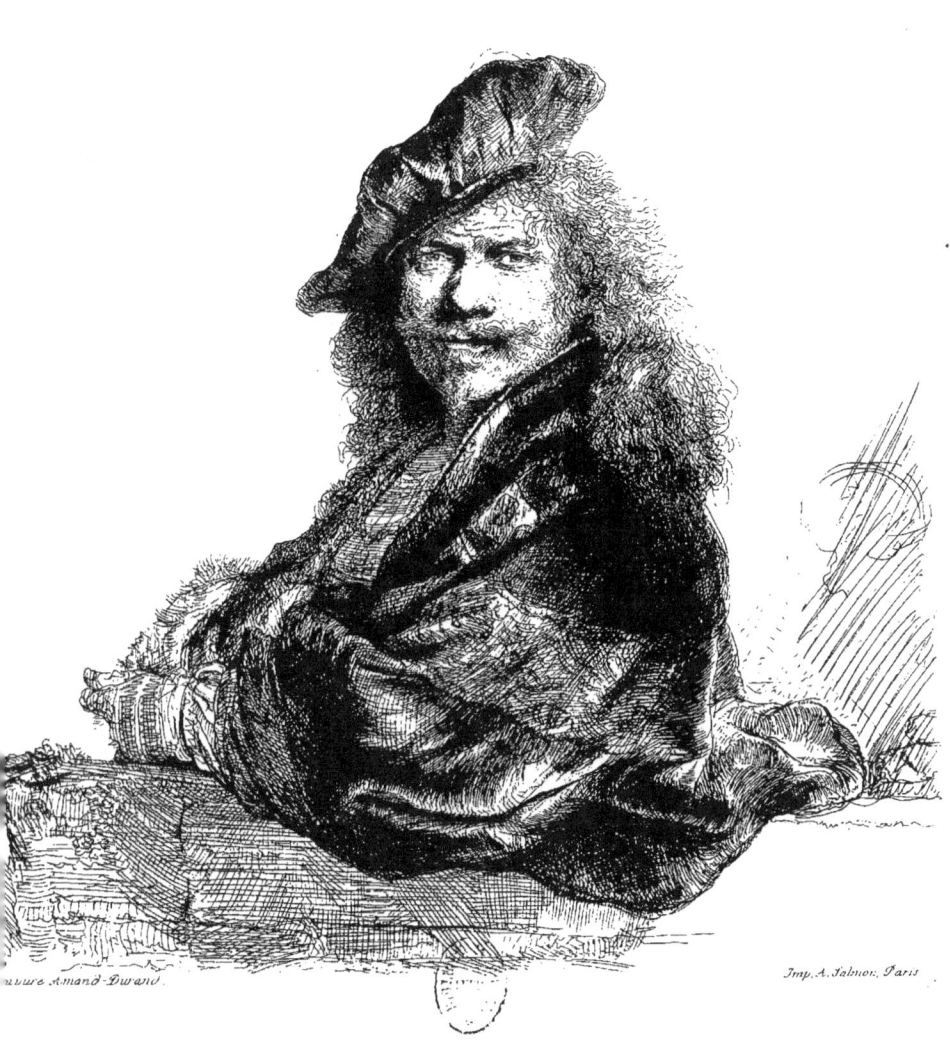

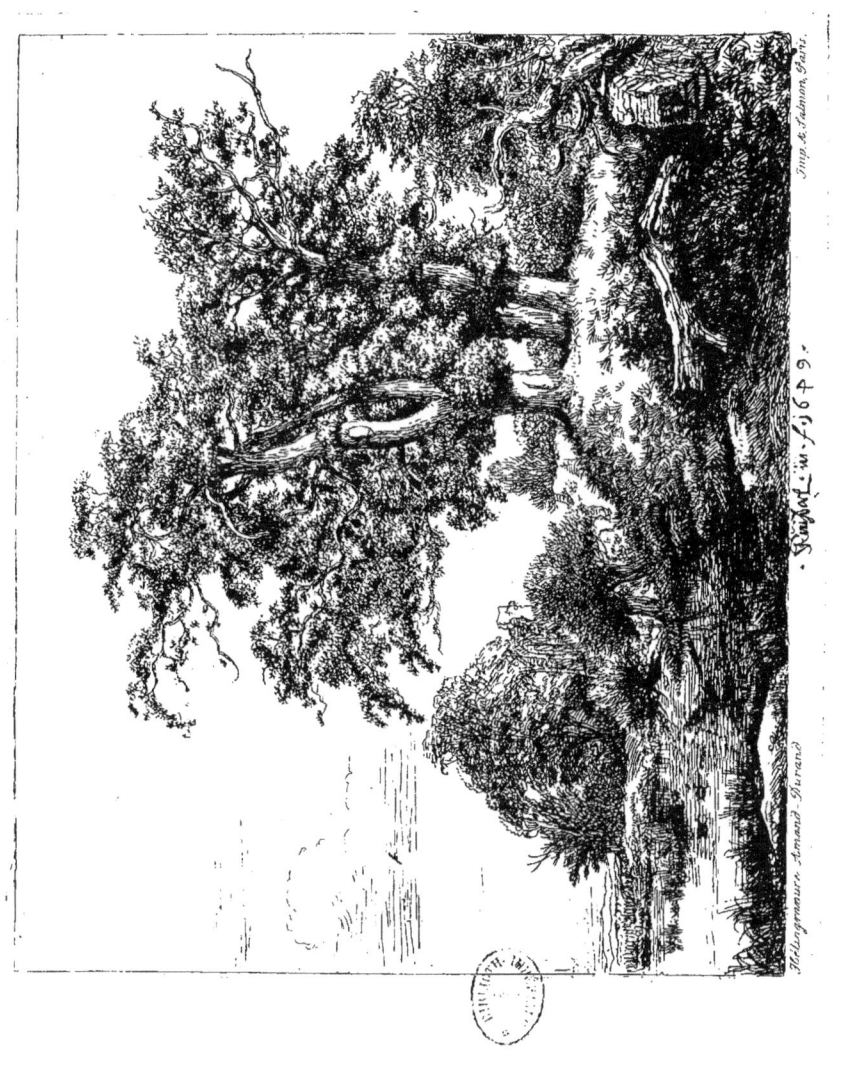

Rembrandt in. 1649.

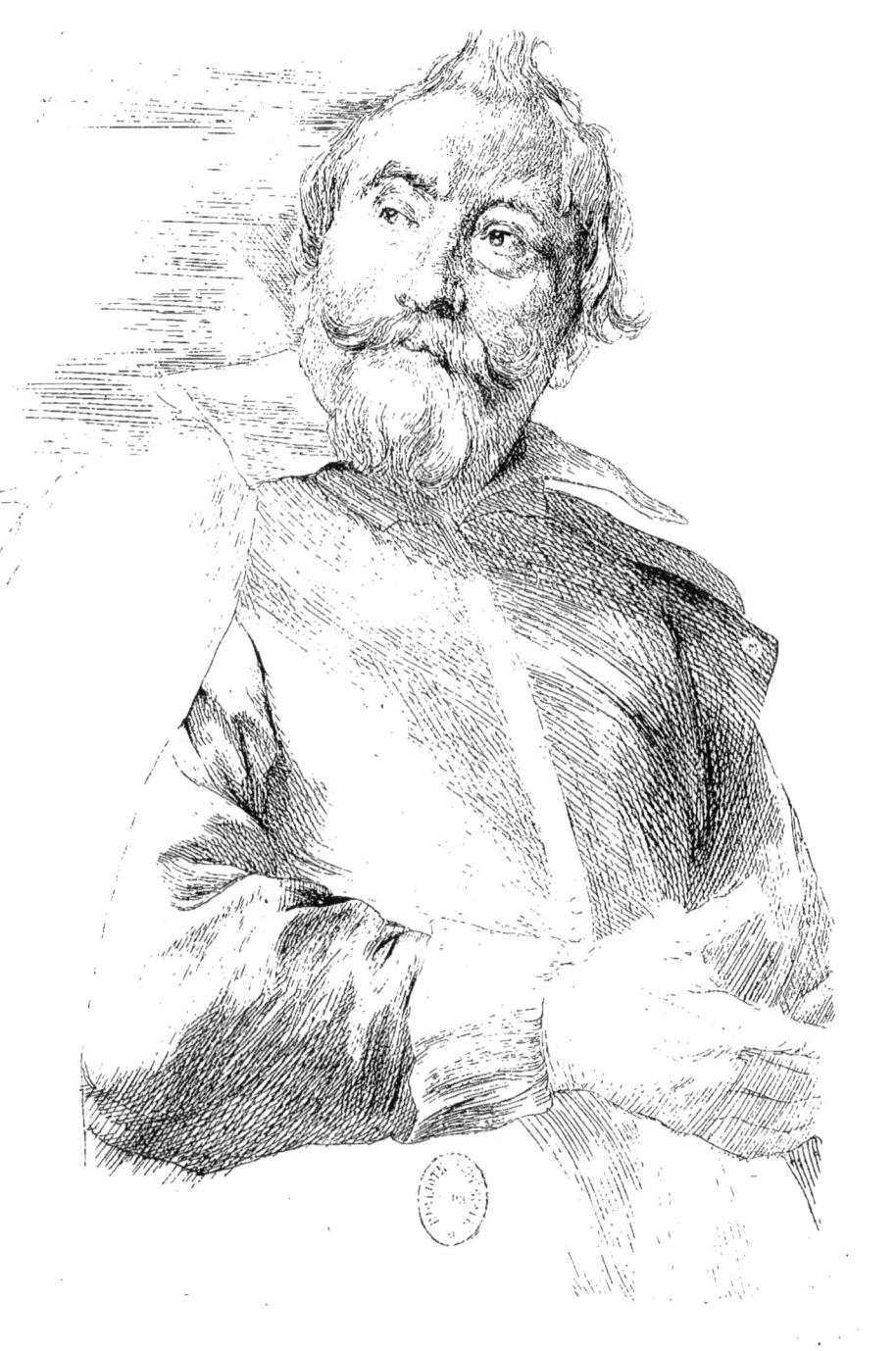

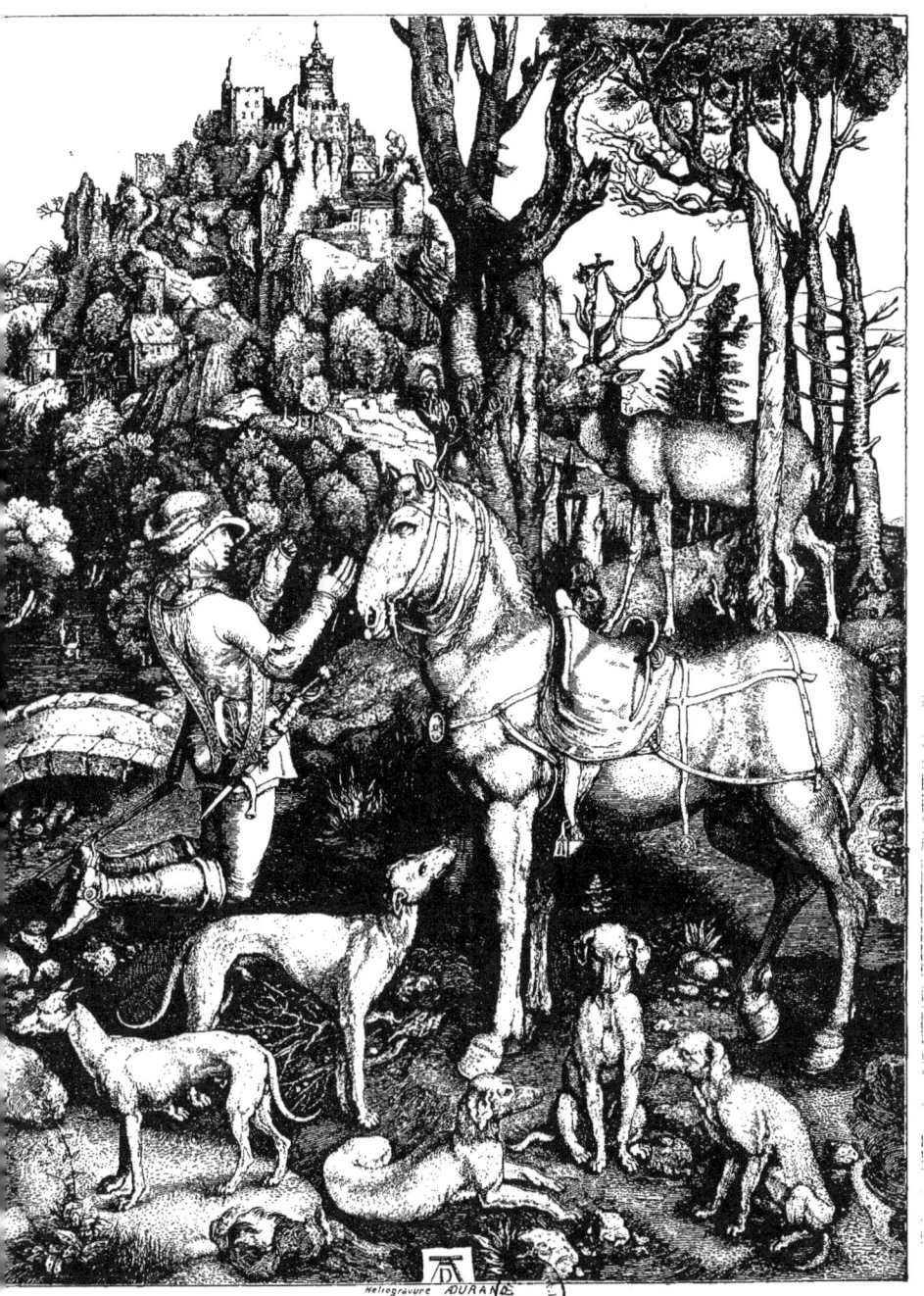

Saint Hubert en adoration devant la croix que porte un cerf, gravé par Albert Dürer.

(Tiré de l'ouvrage intitulé : *Les Arts au moyen âge et à l'époque de la Renaissance*, par Paul Lacroix.)

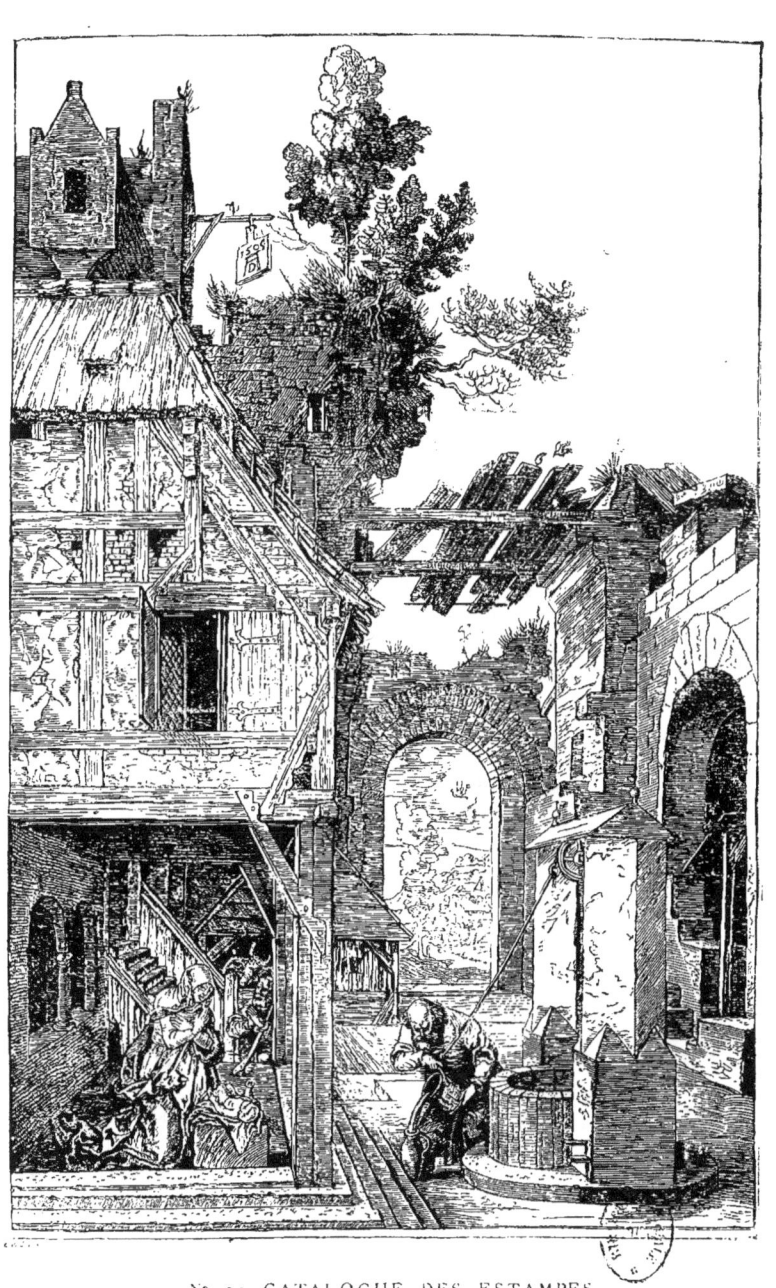

No 91 CATALOGUE DES ESTAMPES

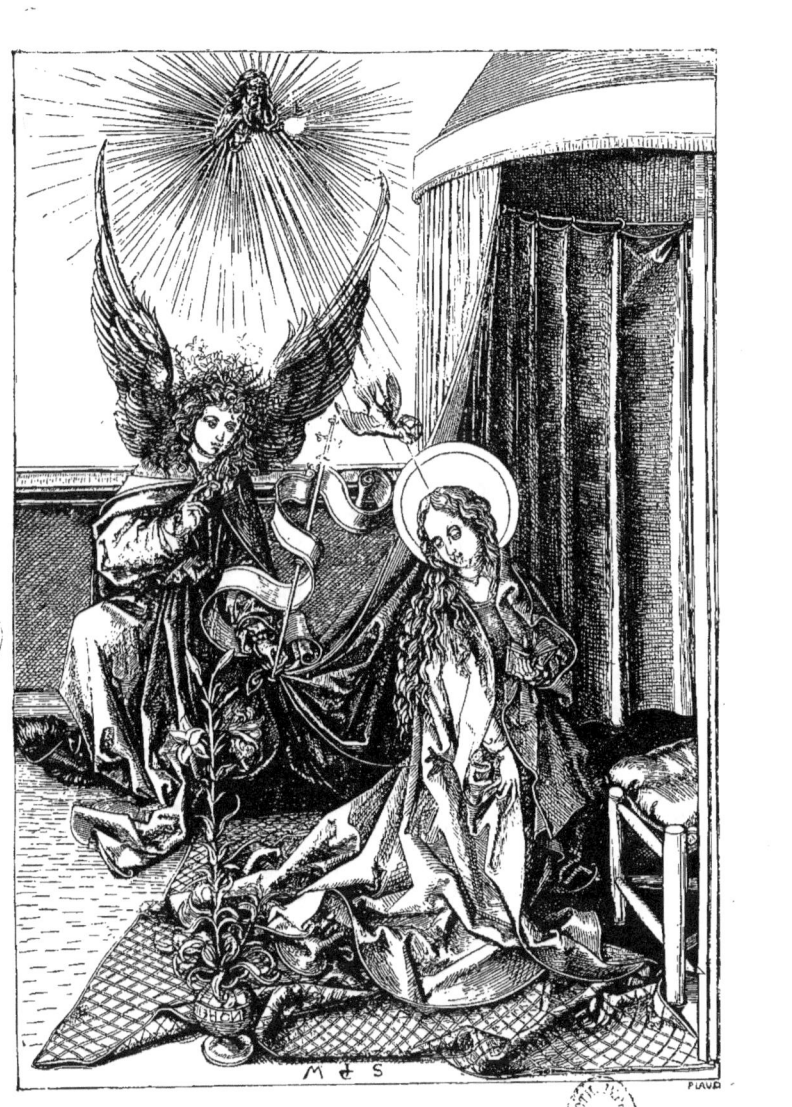

Nº 387 CATALOGUE DES ESTAMPES

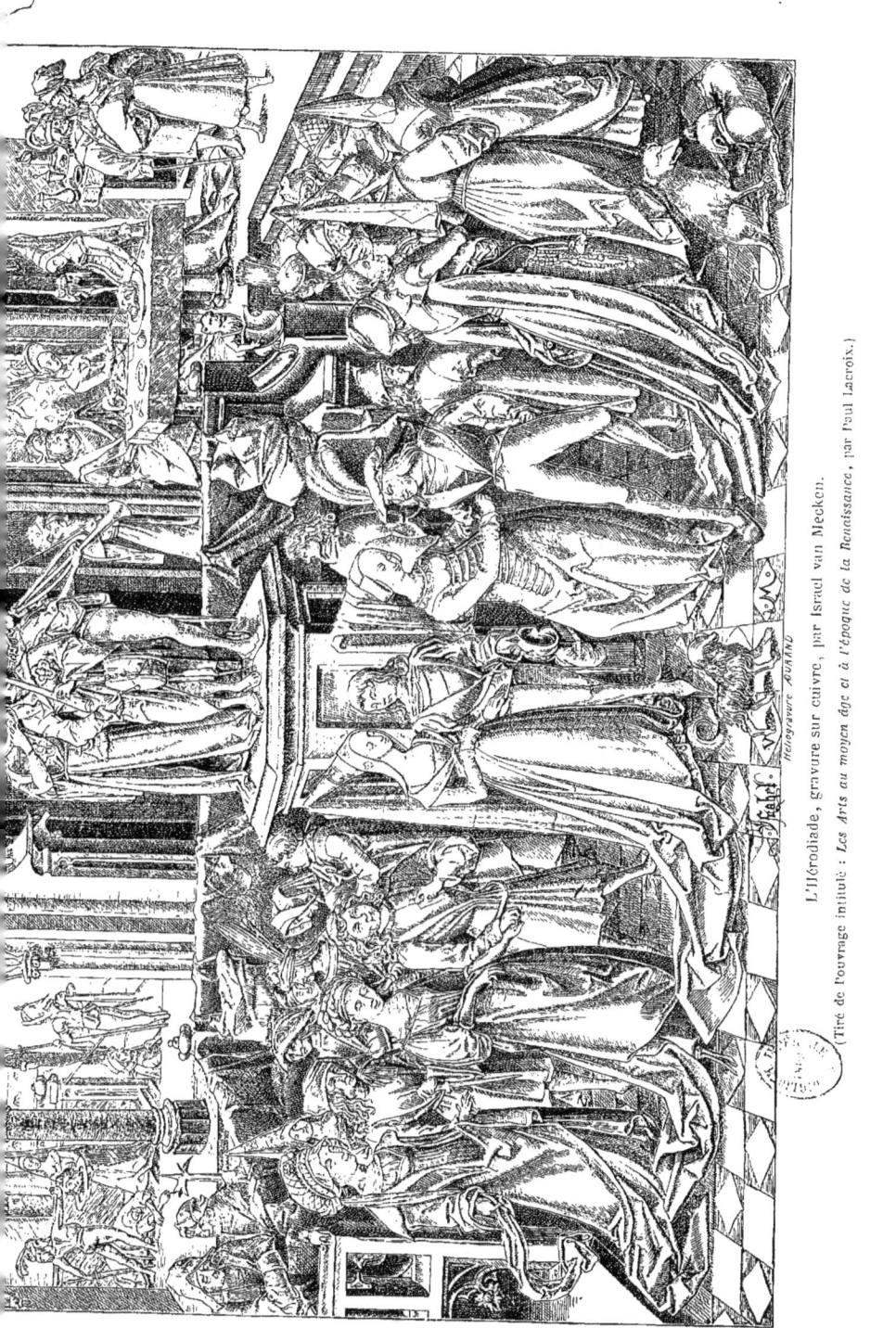

L'Hérodiade, gravure sur cuivre, par Israël van Mecken.

(Tiré de l'ouvrage intitulé : *Les Arts au moyen âge et à l'époque de la Renaissance*, par Paul Lacroix.)

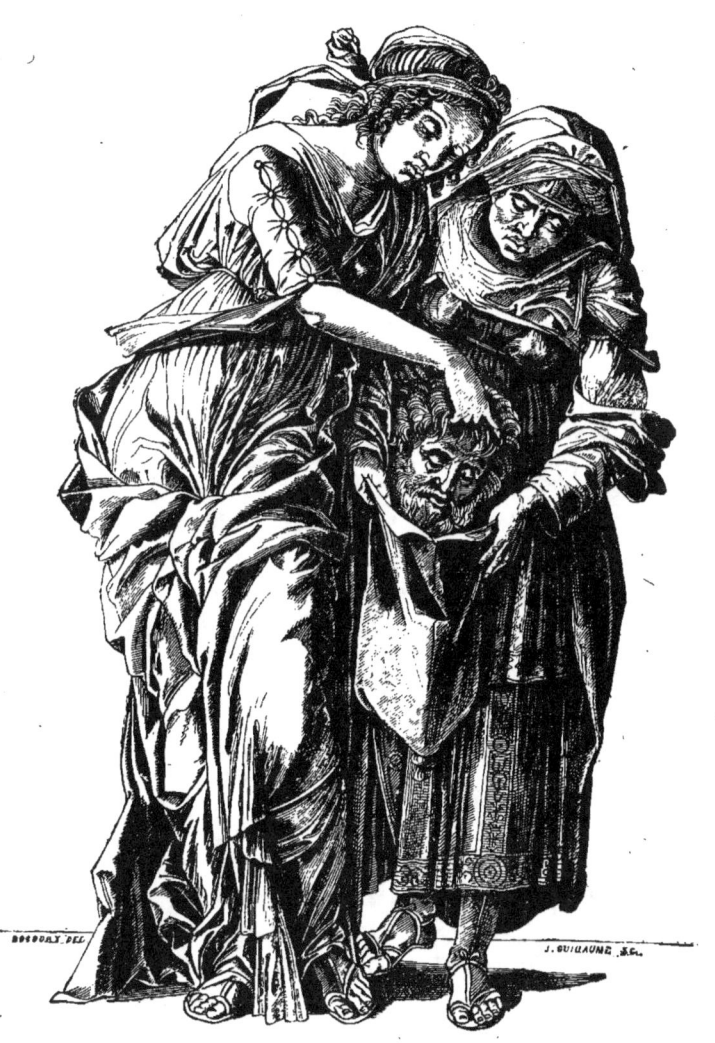

Nº 218 CATALOGUE DES ESTAMPES

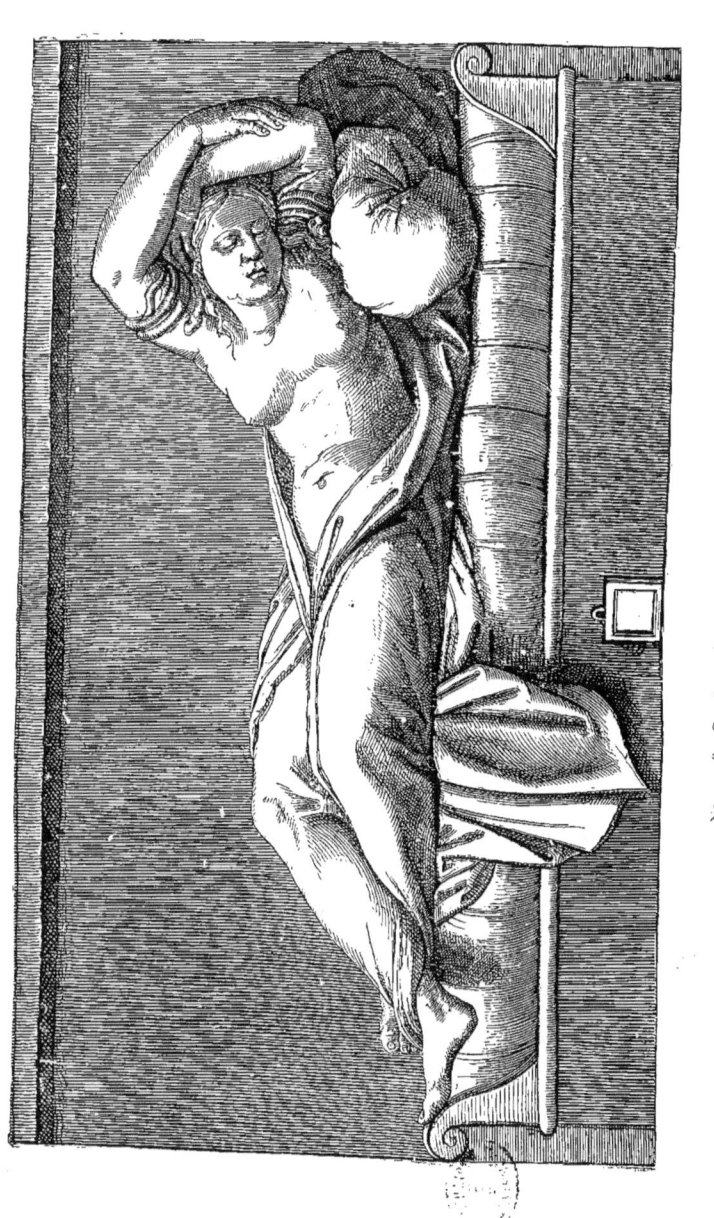

No 293 CATALOGUE DES ESTAMPES

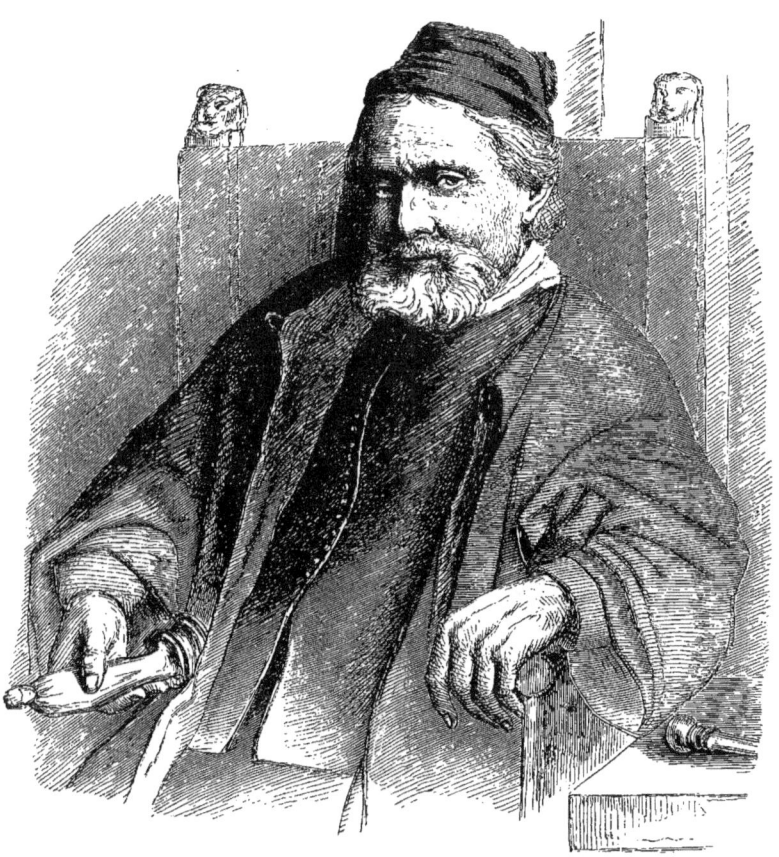

Portrait de Jean Lutma, gravé à l'eau forte par Albert Dürer.

(Tiré de l'ouvrage intitulé : *Les Arts au moyen âge et à l'époque de la Renaissance*, par Paul Lacroix.)

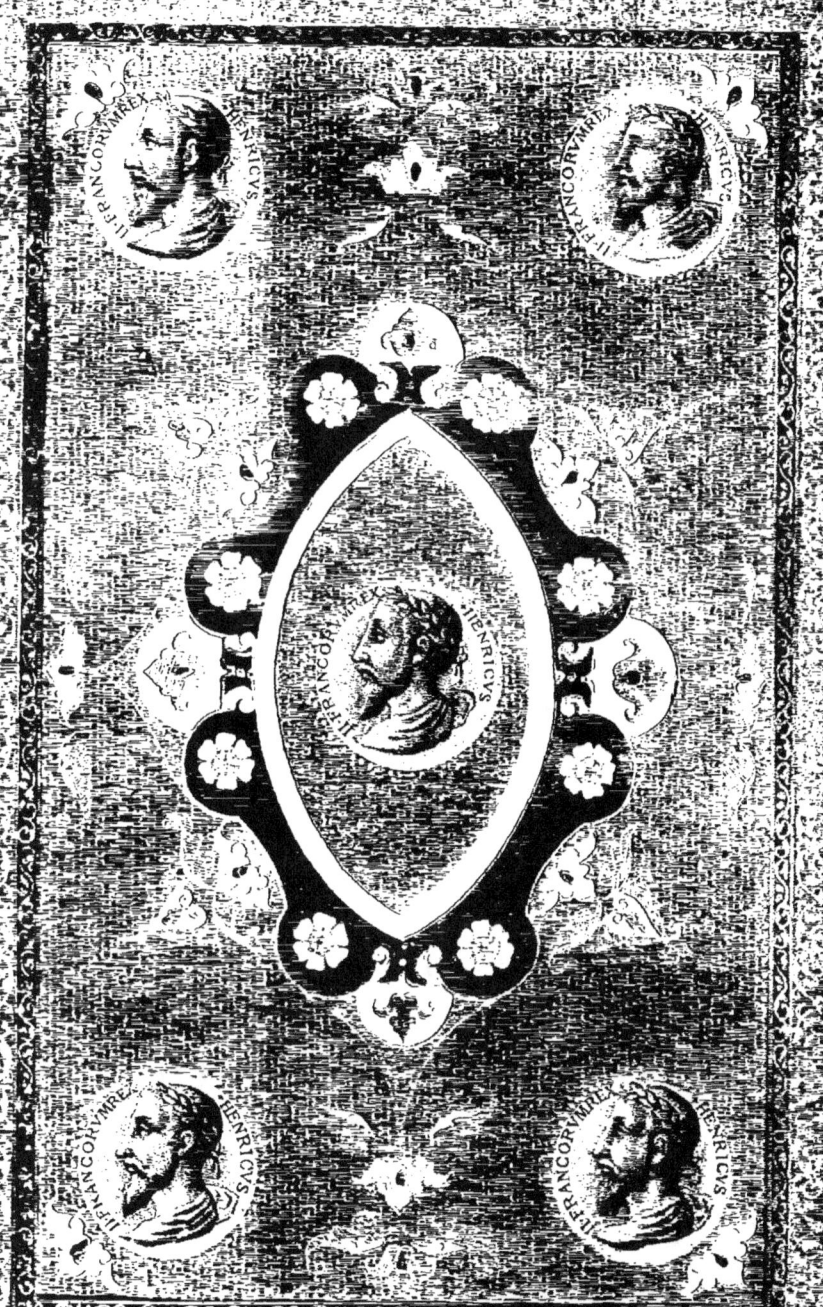

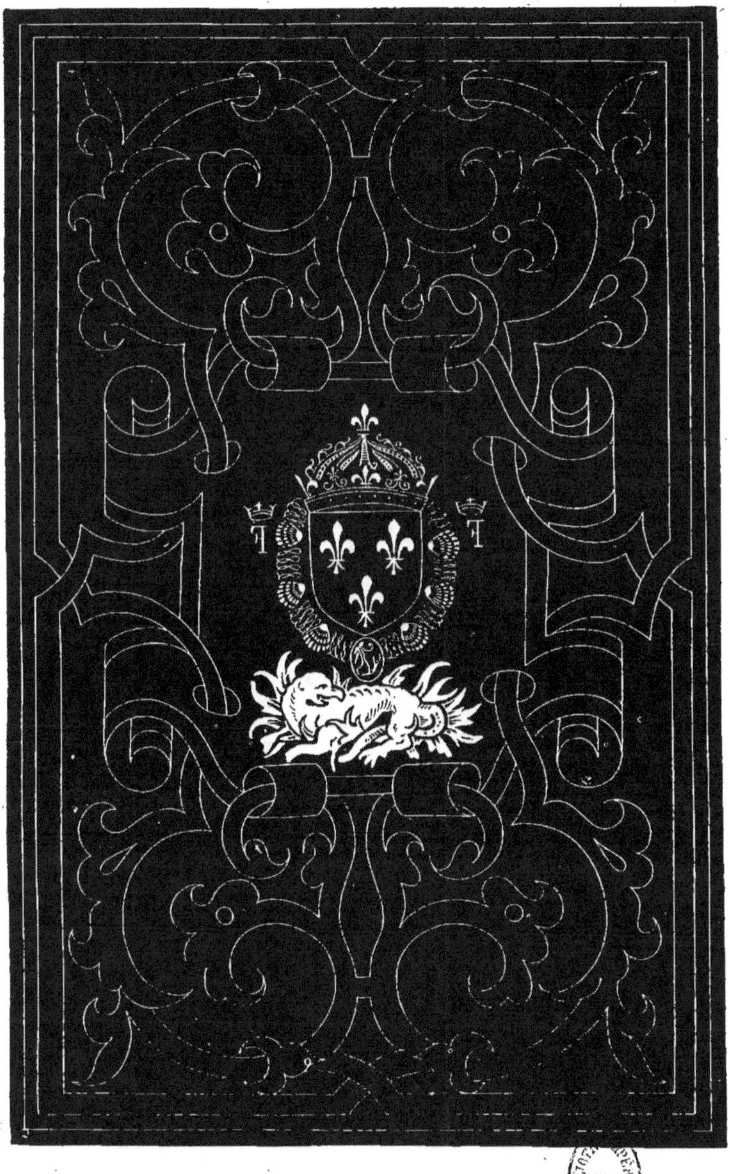

Nᵒ 1 DU CATALOGUE DES LIVRES

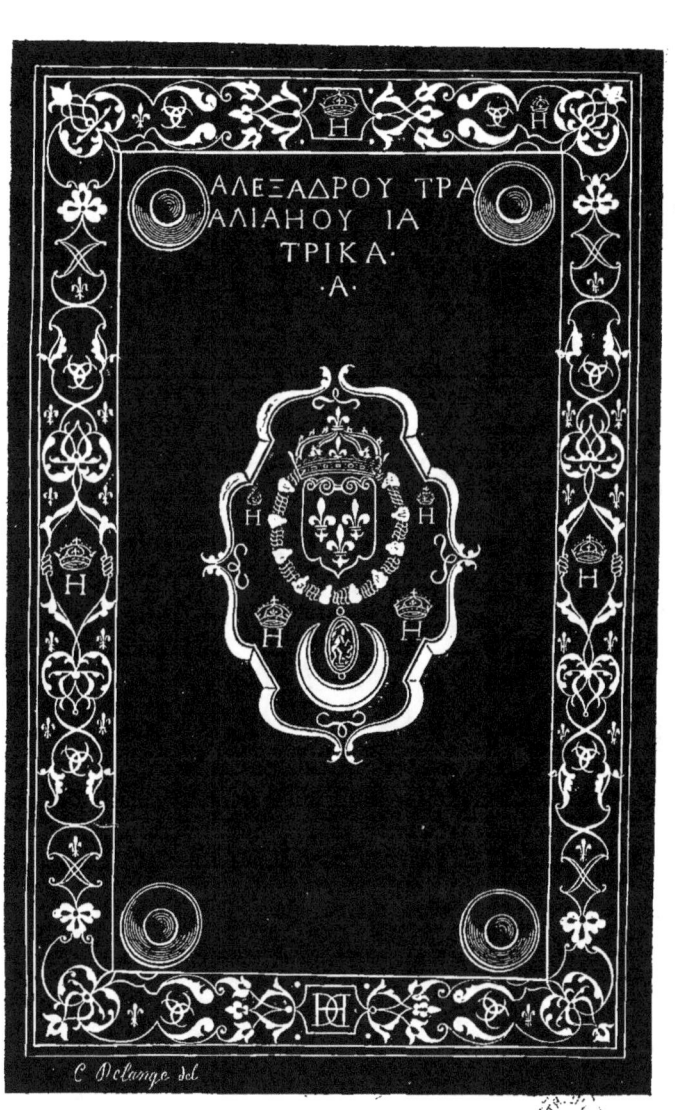

ΑΛΕΞΑΔΡΟΥ ΤΡΑ
ΑΛΙΑΗΟΥ ΙΑ
ΤΡΙΚΑ·
·Α·

C. Delange del

Nᵒ 3 DU CATALOGUE DES LIVRES

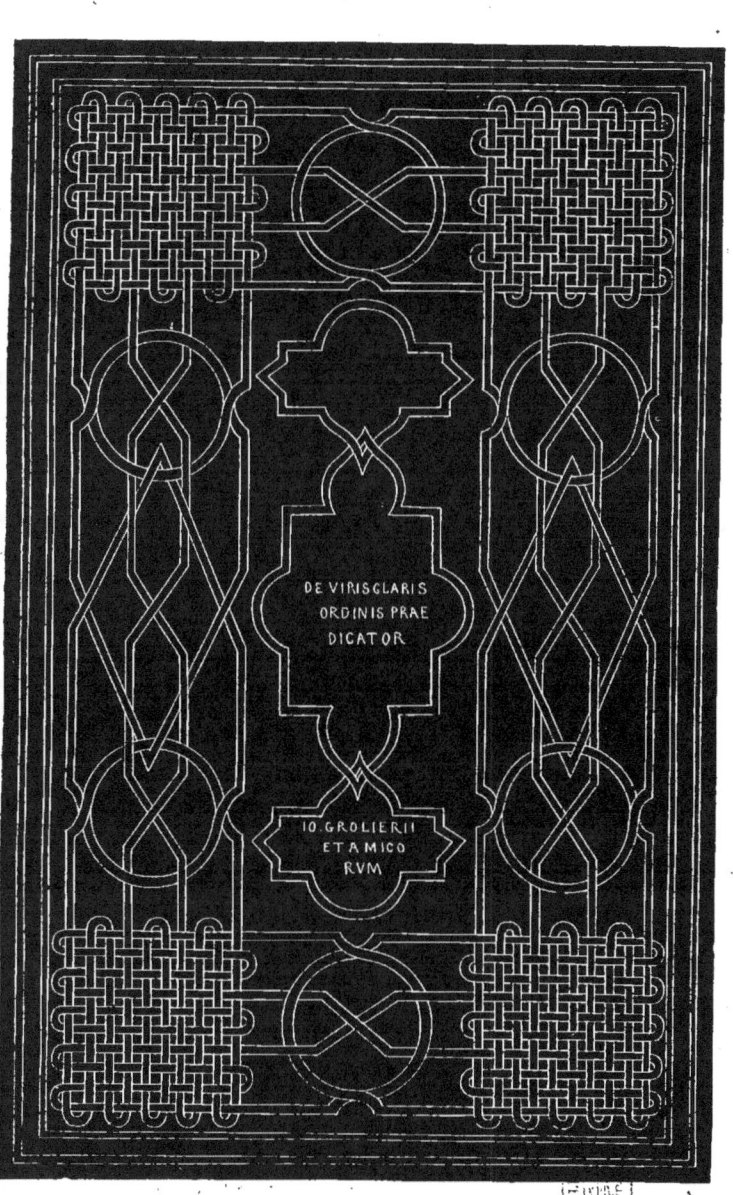

DE VIRISCLARIS
ORDINIS PRAE
DICATOR

IO. GROLIERII
ET AMICO
RVM

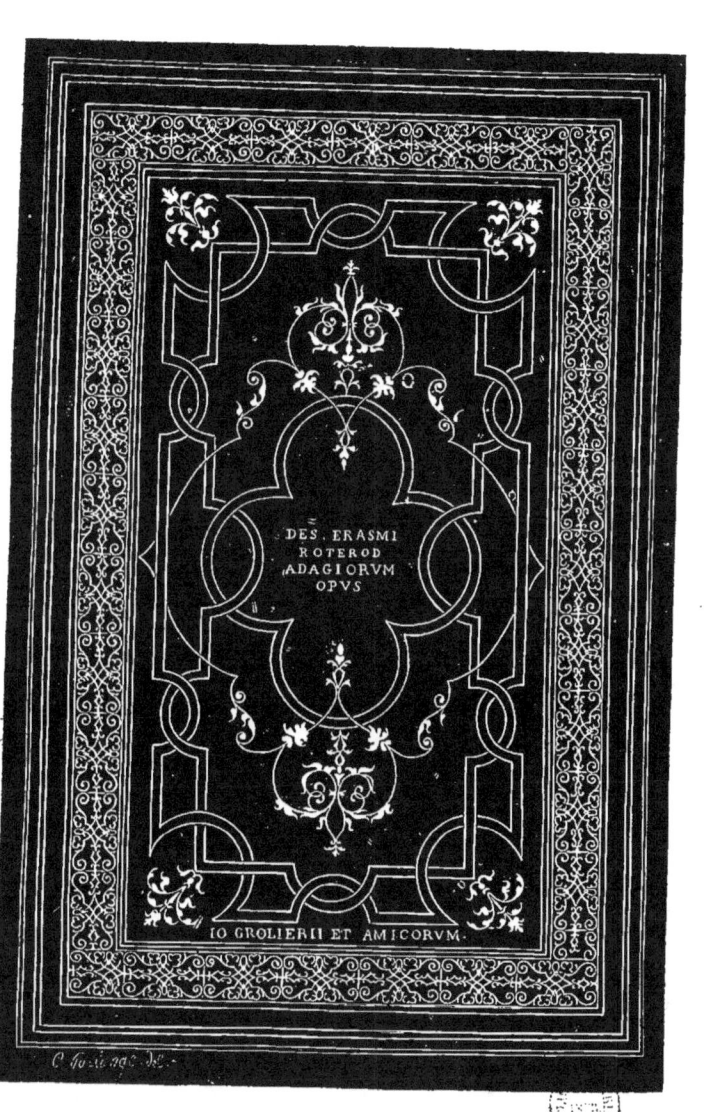

DES. ERASMI
ROTEROD
ADAGIORVM
OPVS

IO GROLIERII ET AMICORVM.

N° 15 DU CATALOGUE DES LIVRES

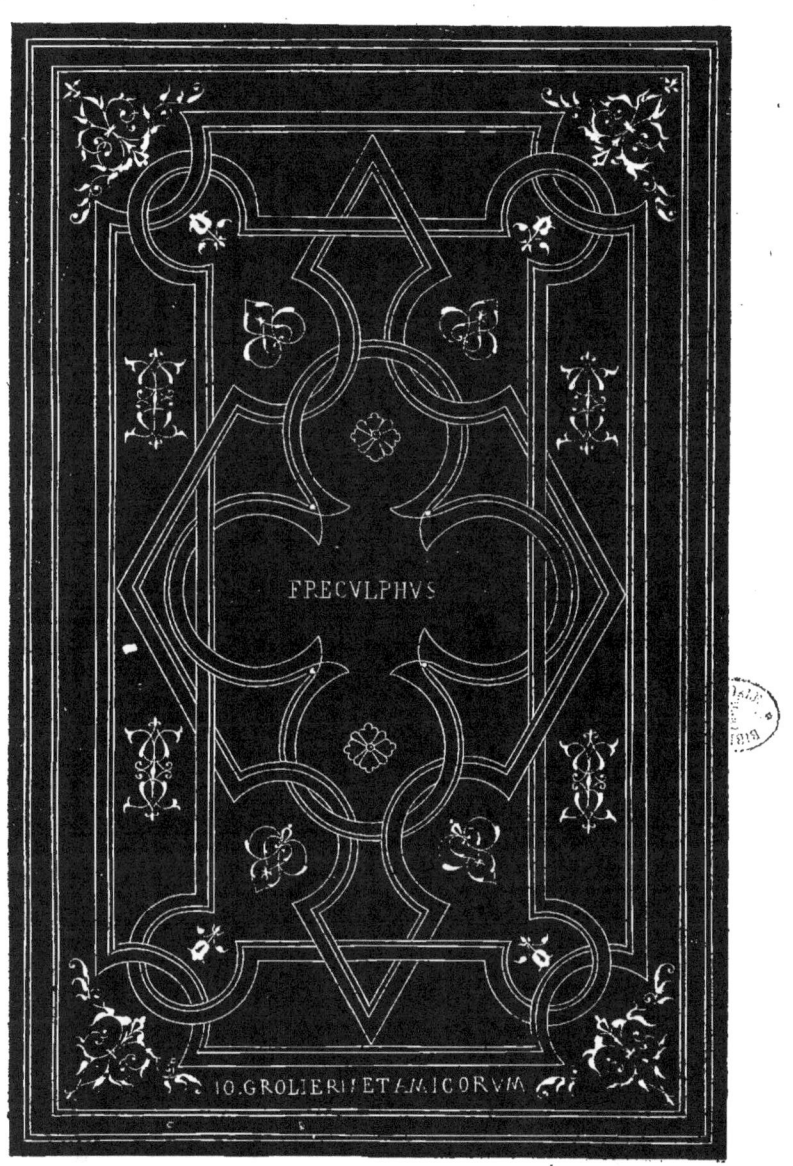

FRECVLPHVS

IO.GROLIERII ET AMICORVM

N° 19 DU CATALOGUE DES LIVRES

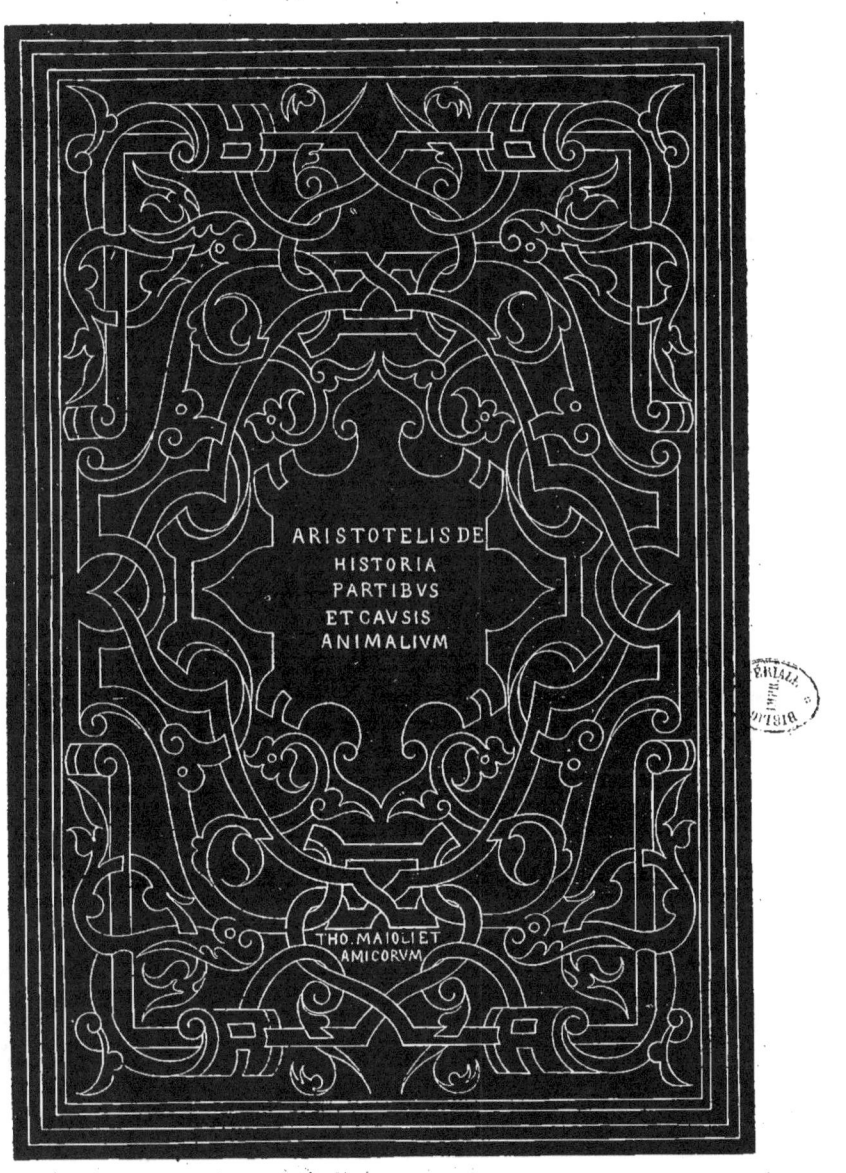

ARISTOTELIS DE
HISTORIA
PARTIBVS
ET CAVSIS
ANIMALIVM

THO. MAIOLI ET
AMICORVM

N° 23 DU CATALOGUE DES LIVRES

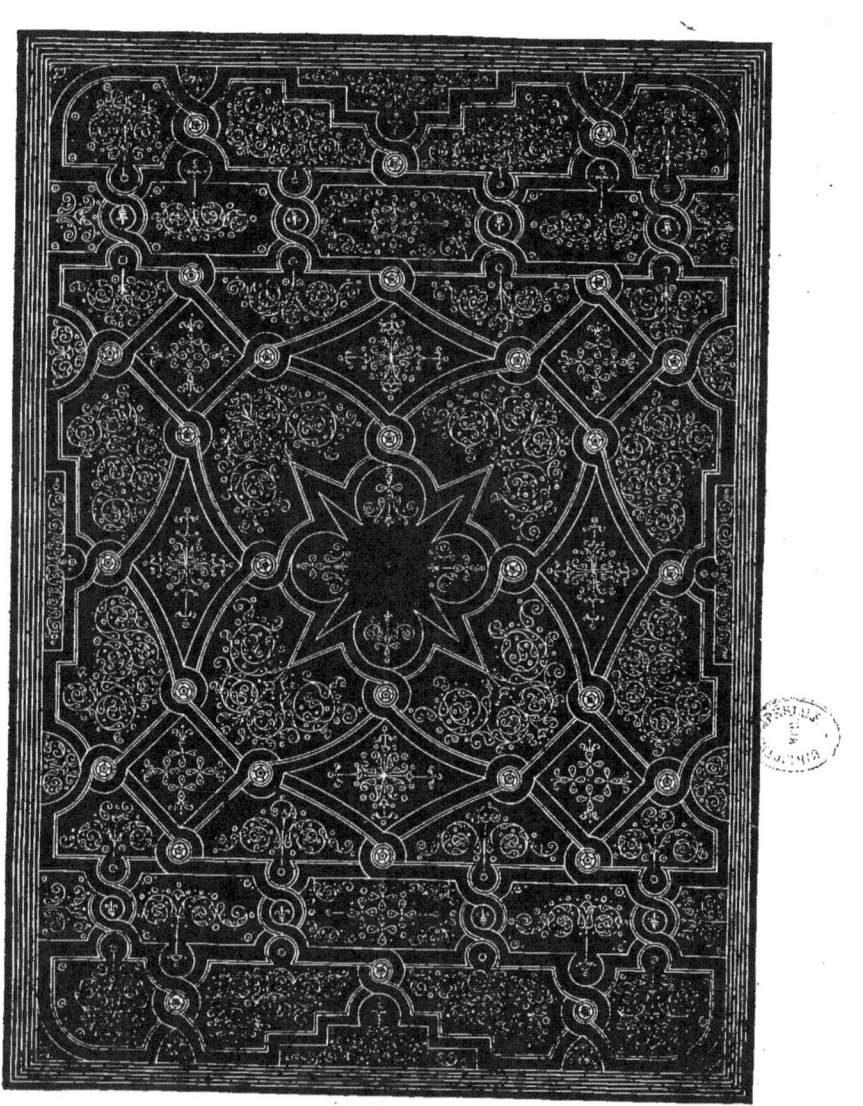

N° 54 DU CATALOGUE DES LIVRES

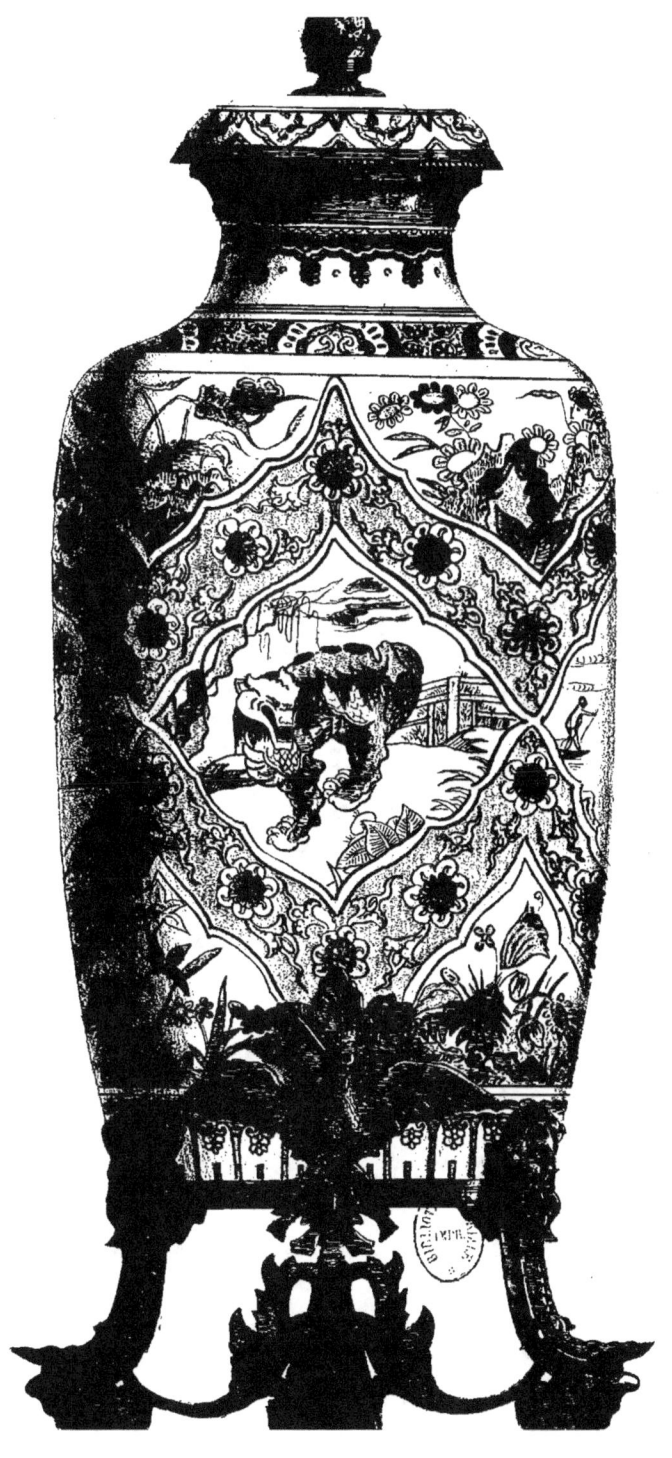

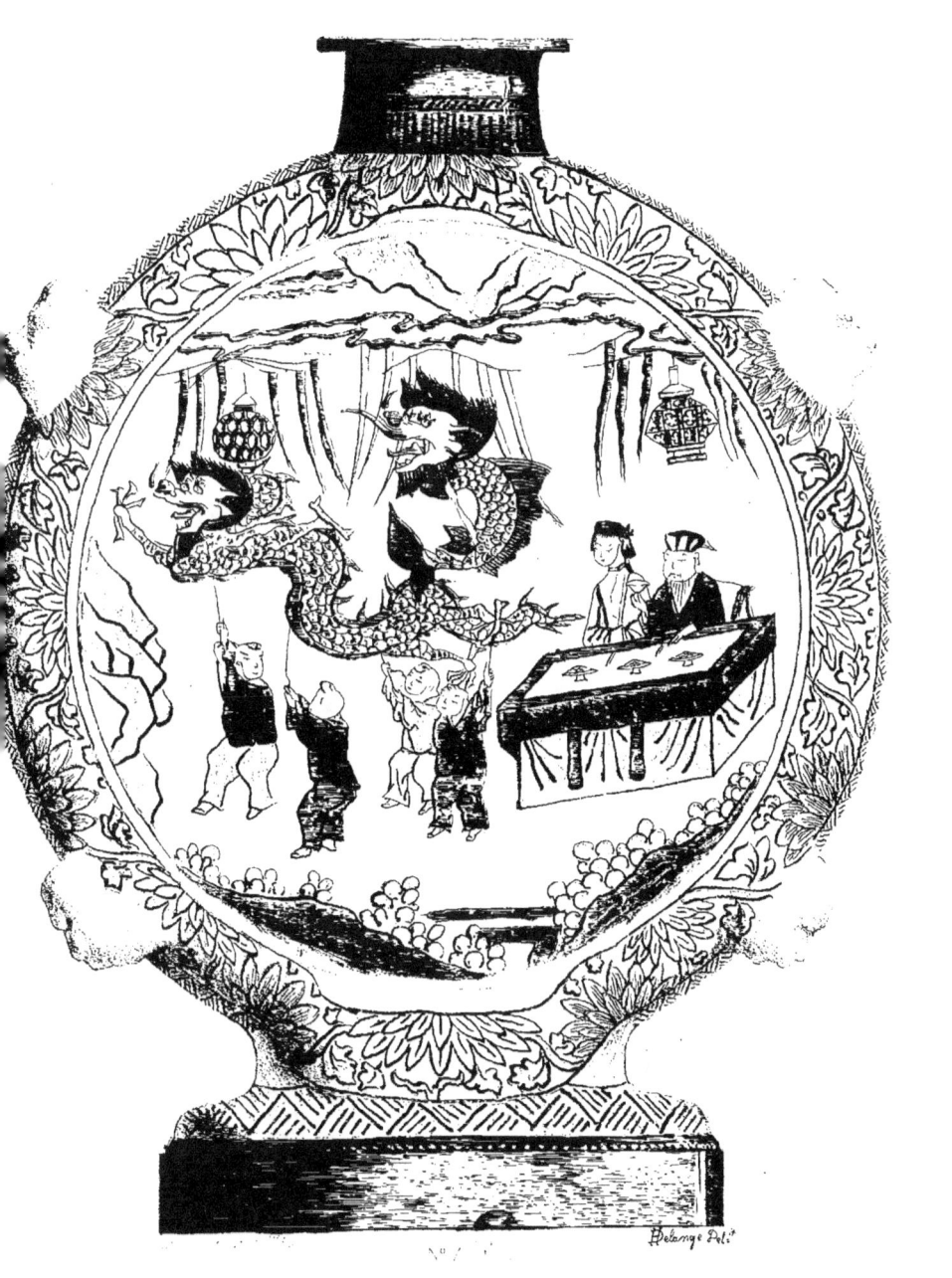

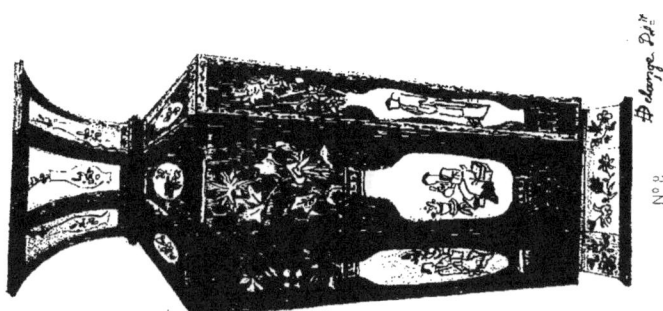

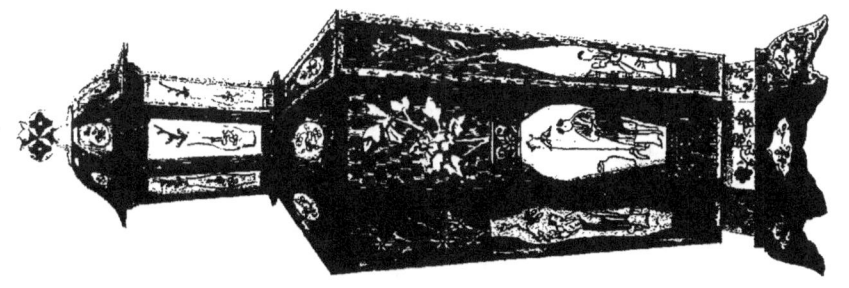

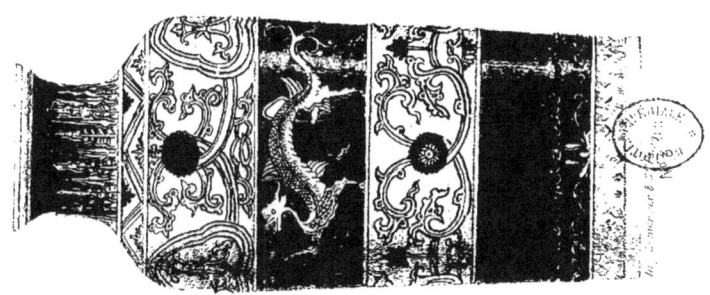

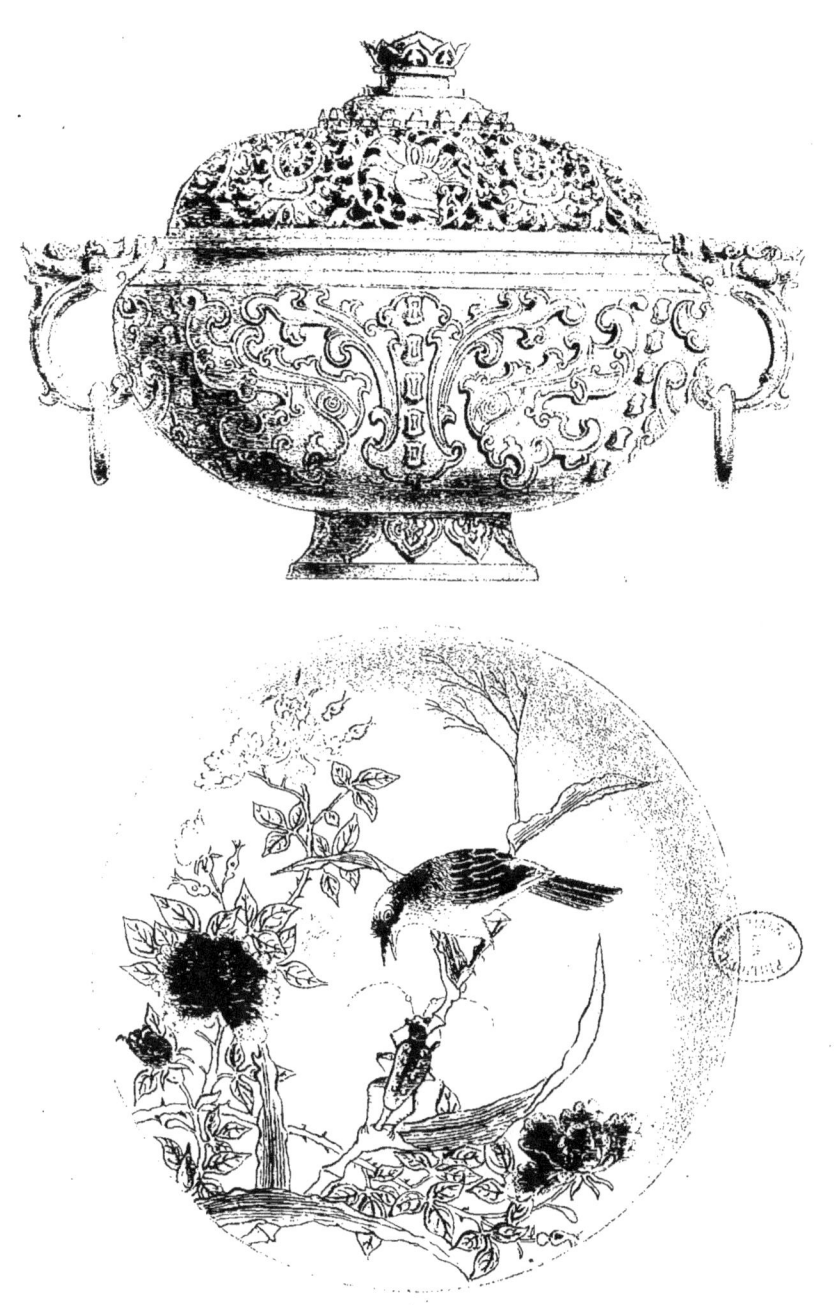

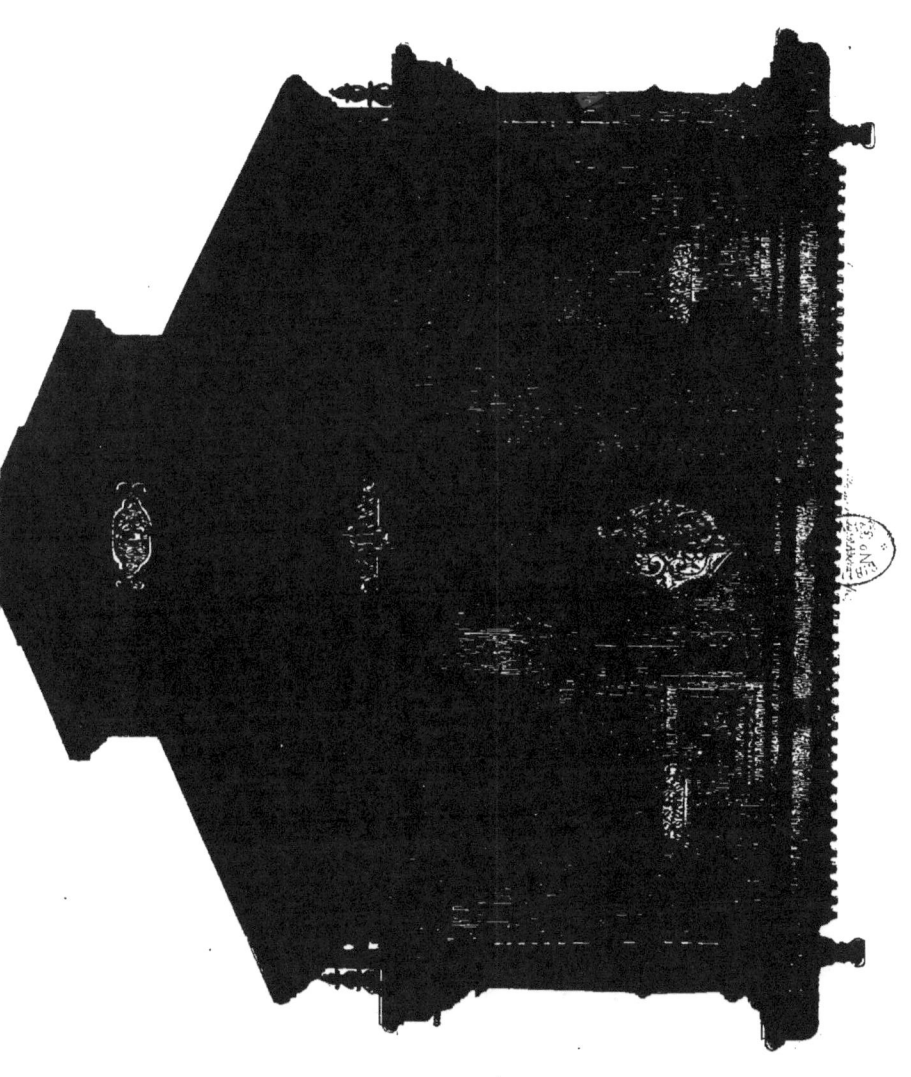

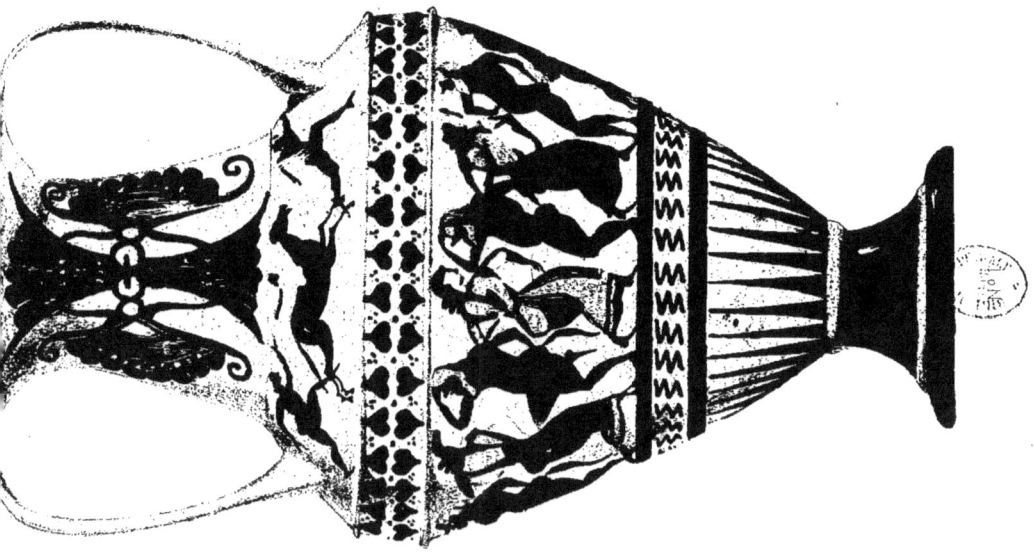

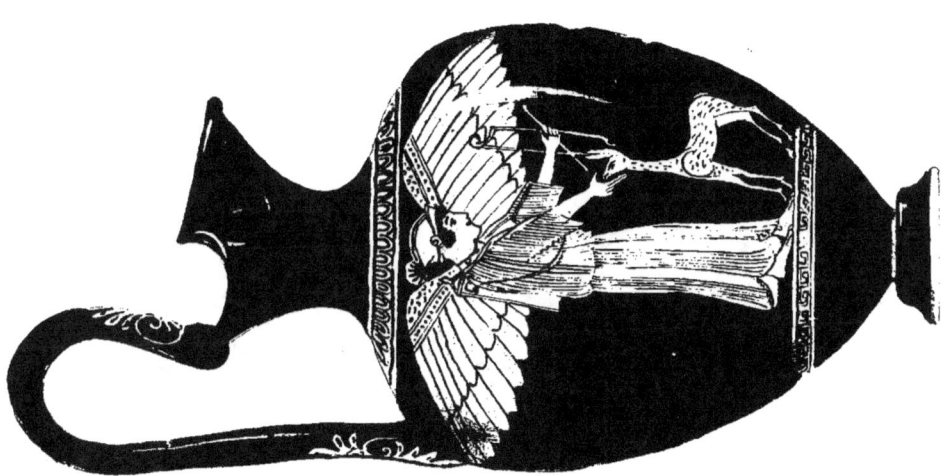

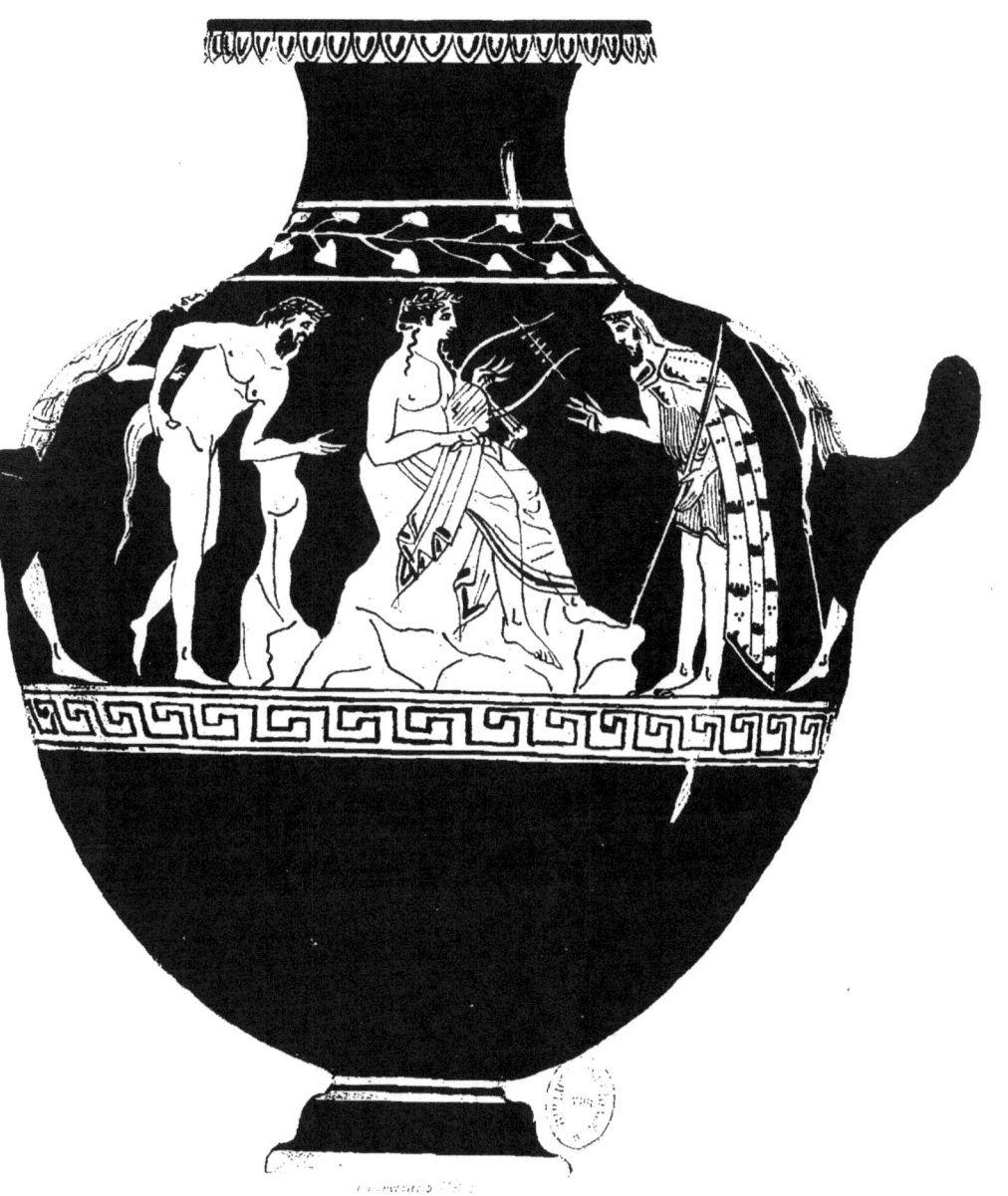

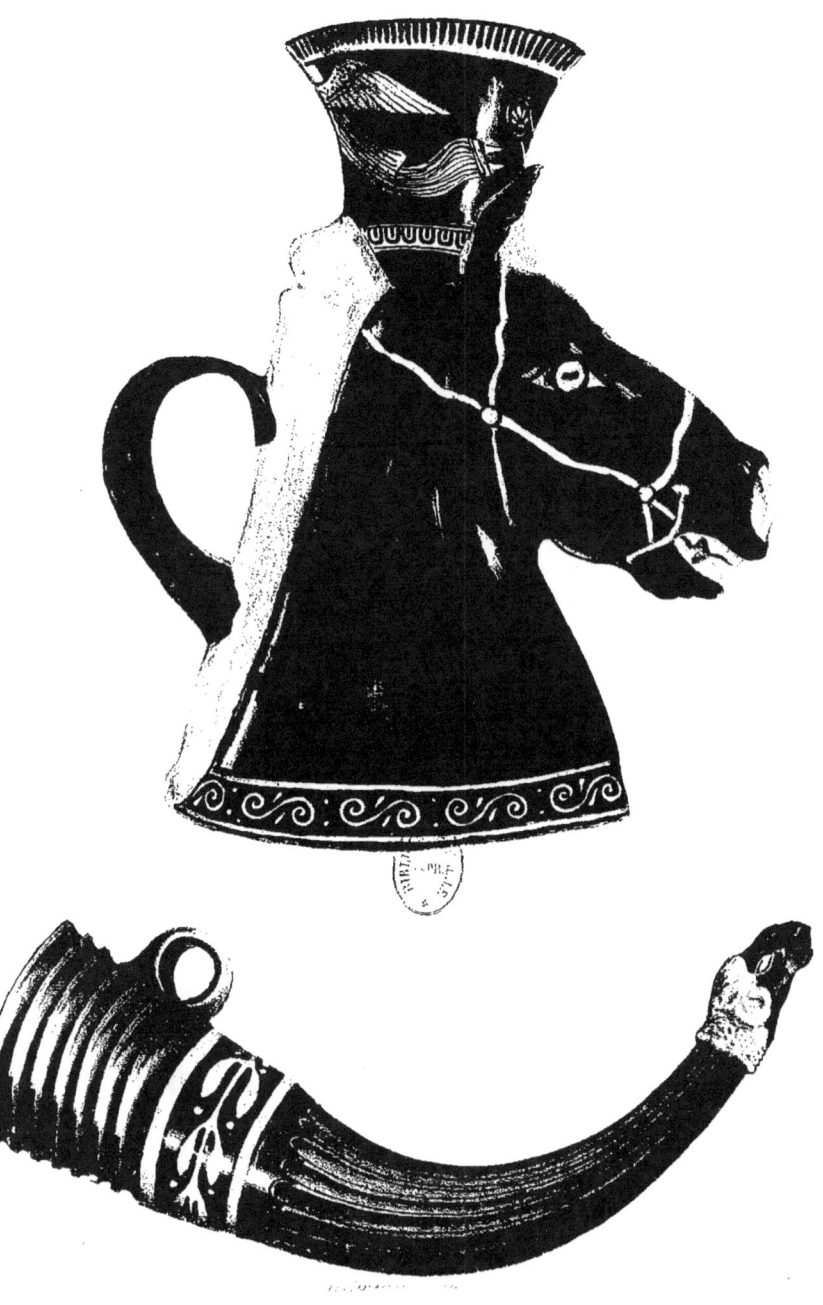

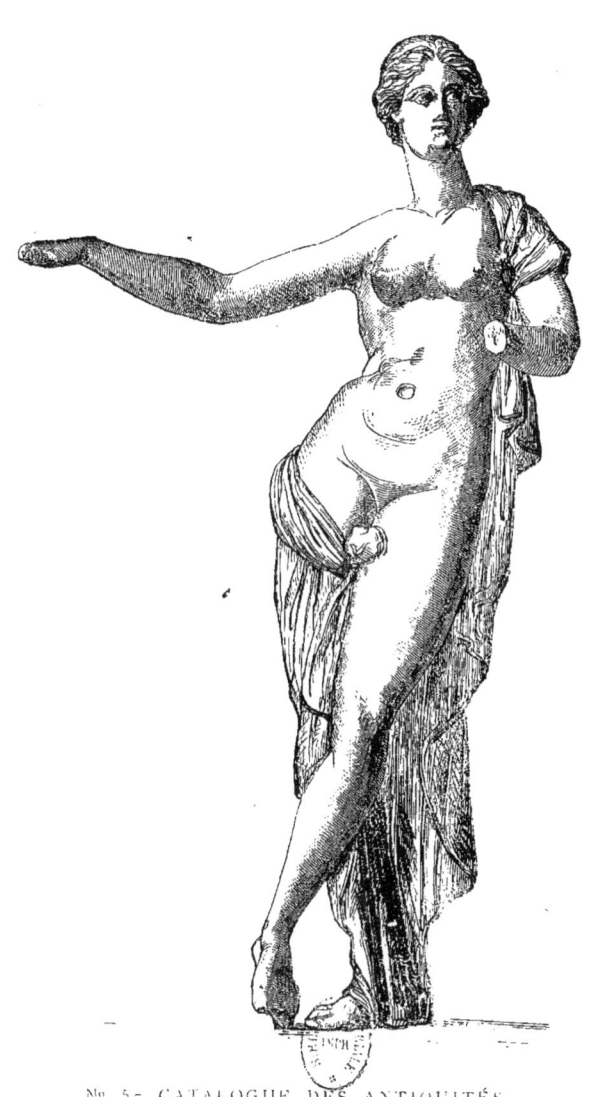

Nᵒ 57 CATALOGUE DES ANTIQUITÉS

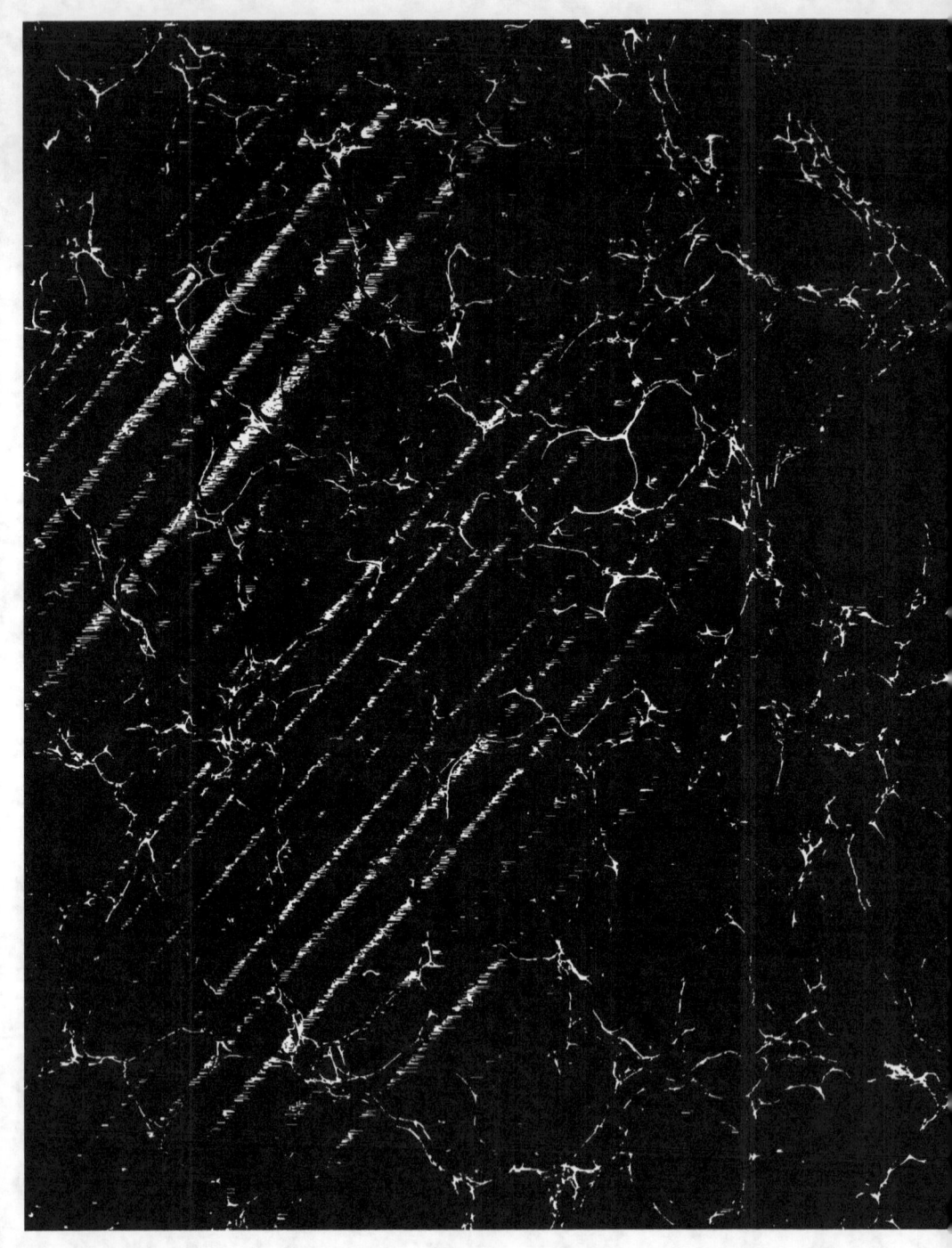

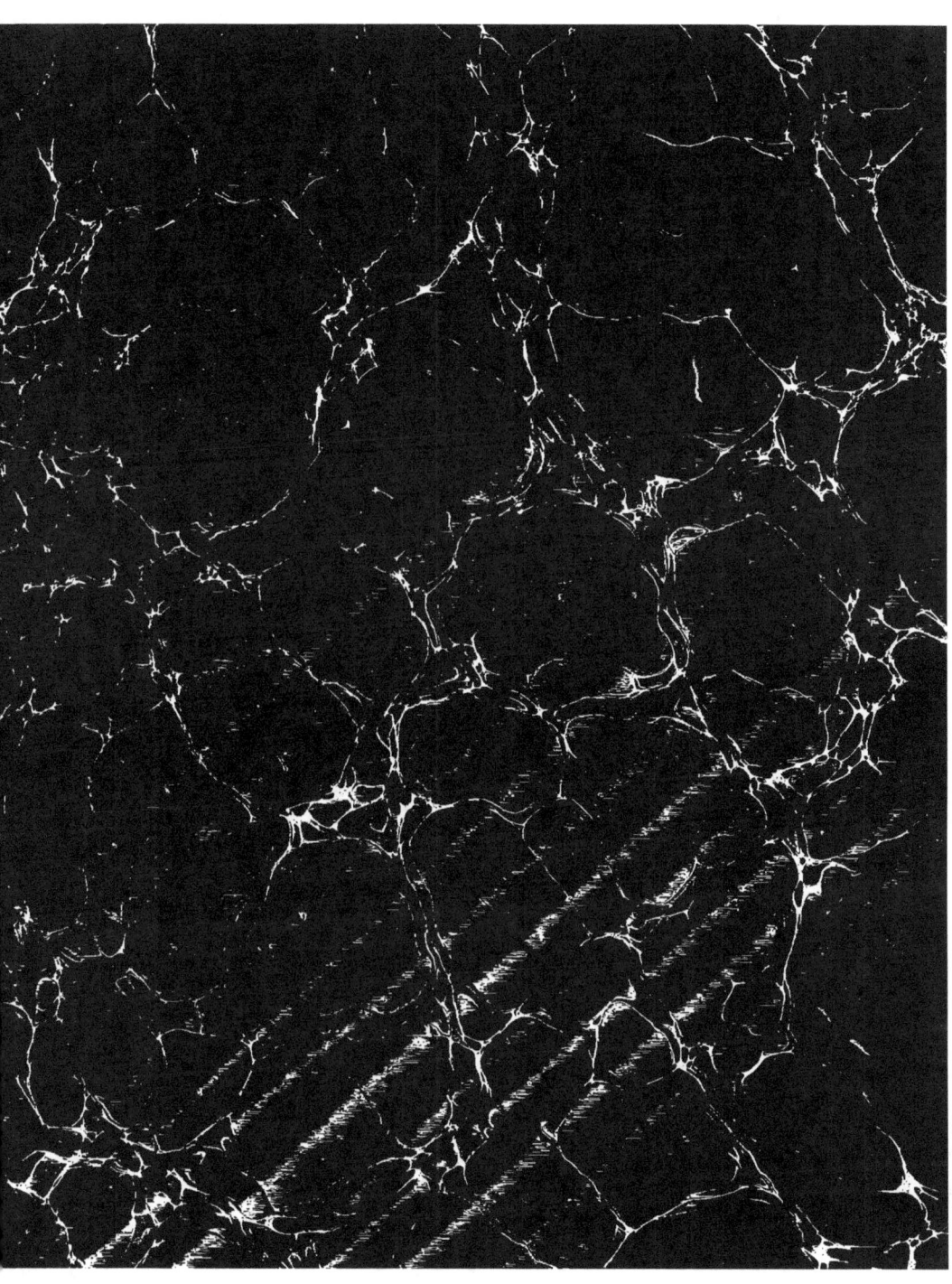

www.ingramcontent.com/pod-product-compliance
Lightning Source LLC
Chambersburg PA
CBHW071536220526
45469CB00003B/800